WISDOM OF TRANSFERENCE
【回向恒品】
稻草人

读故·知新

中国量化经济史丛书

清代户部银库收支和库存研究

Central Government Silver Treasury:
revenue, expenditure and inventory statistics in the
Qing Dynasty, ca.1700-1870

史志宏 著

本书受中国社会科学院
老年科研基金资助

社会科学文献出版社
SOCIAL SCIENCES ACADEMIC PRESS (CHINA)

中国量化经济史丛书
学术委员会

Jan Luiten van Zanden（范赞登，教授、博士，荷兰乌德勒支大学）
史志宏（教授、博士，中国社会科学院）
Stephen Broadberry（教授、博士，英国伦敦政治经济学院）
Debin Ma（马德斌，教授、博士，英国伦敦政治经济学院）
James Lee（李中清，教授、博士，香港科技大学）
李伯重（教授、博士，香港科技大学）
陈争平（教授、博士，清华大学）
龙登高（教授、博士，清华大学）
Jaime Reis（教授、博士，葡萄牙里斯本大学）

中国量化经济史丛书
编纂委员会

主编：史志宏
副主编：徐毅（教授、博士，广西师范大学）
　　　　Bas van Leeuwen（范鲁文，博士，荷兰乌德勒支大学）

丛书序

源远流长的中华文明在人类历史上独树一帜，绵延不绝。公元15世纪末以前，中国在经济、政治、文化、科技各方面一直走在世界的前列，是当时地球上最富裕、最发达的国家之一。16世纪以后，随着近代西方资本主义的全球性扩张，中华古文明走向衰落，1840年以后更陷入了半殖民地、半封建的悲惨境地。然而，从1949年新中国成立起，经过全体中国人民数十年艰苦卓绝的奋斗，今天全世界都看得很清楚：中华民族已经不可阻挡地走在了伟大复兴的道路上，不久的将来，定可重登世界文明之巅，重享昔日的荣光。这，将是在21世纪的人类历史上写下浓墨重彩一笔的世界性大事。

随着中国经济在世界上的迅猛崛起，从20世纪后期开始，特别是进入21世纪以来，不仅分析中国经济的现状、展望其未来发展前景的讨论成为国际、国内关注的焦点，而且，重新认识和评价中国经济过往的发展历程、发展水平及其在同时期世界经济中的地位，也日益在经济史学界形成研究热潮。这其中，量化中国不同历史时期的经济发展水平并与同时期的世界其他经济体进行比较的所谓"中国历史国民账户"及其国际比较研究，无论在国内还是在国际的学术舞台上，都正在蓬勃开展，成为关注和参与者越来越多的热门课题。

受中国经济史量化研究的国际性学术热潮的鼓舞，同时也因为深感在这场国际学术对话中来自中国本土学者的声音总体来说还不够强大和有力，从几年前开始，我们与荷兰乌德勒支大学的经济史同行共同策划了这套"中国量化经济史丛书"。此项计划，得到了中国社会科学院社会科学文献出版社和荷兰Brill出版社的热情响应和全力支持，即这套书不但要出中文版，而且还将由 Brill 出版英文版，向西方学界推介我们的研究成果。

按照计划，这套丛书的每部著作都将分成两个部分，第一部分为作者的原创性研究，是一部独立的学术专著；第二部分为资料附录，将作者为撰写该专著收集的主要原始数据在考订、整理的基础上系统公布出来，以方便国际国内同行对作者的研究进行学术审校和做进一步的研究。整套丛书选题的时间范围始于宋代，止于清朝灭亡。每一朝代，又按农业、手工业、商业、国际贸易等经济的主要部门以及政府财政、工资、物价、学校教育、社会福利等项专题，分门别类进行组稿和写作，以期最终形成对宋代以后近千年中国经济发展历程各个方面进行量化考察的系列研究成果，同时贡献一个与国际、国内同行共享的经过考订和整理的原始资料历史数据库。

中国的经济史研究有重视计量研究的长期传统。早在 20 世纪 40 年代，由当时的中央研究院社会科学研究所巫宝三研究团队完成的《中国国民所得（一九三三年）》一书，就是国际上最早的关于中国历史国民账户研究的力作之一。20 世纪 50 年代以后，中国大陆学者在具有自己特色的经济史研究中，以中国社会科学院经济研究所的专家为主体，严中平教授组织和指导，不但搜集、整理并出版了一大批分门别类的宝贵的近代经济史资料和统计数据，而且，从 20 世纪 60 年代起，以许涤新、吴承明教授为首的一批承接《中国资本主义发展史》研究任务的学者，为了写作这部三卷本的巨著，在收集定性研究资料的同时，还有针对性地对中国近代各个时期国民经济主要部门的产品产量、产值、贸易量、物价水平等项指标进行了量化考察和估计。沿着前辈学者开辟的道路前行，以中国学者的原创性成果与国际学界进行对话，发出我们自己的声音，是策划、出版这套丛书的初衷。我们期待着这项计划的最终完成。

是为序。

史志宏
2014 年 4 月于南城独步斋

目　录
CONTENTS

导　言 ··· 1

第一章　清代的户部银库 ·· 3
 第一节　清代户部三库的设置及其沿革 ······························ 3
 第二节　户部银库出纳的基本制度 ····································· 5

第二章　现存户部银库黄册及银库黄册抄档 ·························· 10
 第一节　户部银库黄册 ·· 10
 第二节　银库黄册抄档的由来及现存状况 ·························· 13
 第三节　本书对银库黄册抄档的利用 ································ 19

第三章　清代历朝的户部银库收入 ·· 22
 第一节　京饷拨解与户部银库收入 ··································· 22
 第二节　康熙至道光时期的银库收入 ································ 28
 第三节　咸丰、同治时期的银库收入 ································ 37
 第四节　光绪时期的银库收入 ·· 43

第四章　清代历朝的银库支出与收支盈亏分析 ······················ 53
 第一节　康熙至道光时期的银库支出与收支盈亏 ··············· 53
 第二节　咸丰、同治时期的银库支出与收支盈亏 ··············· 68

第三节　光绪时期的银库支出与收支盈亏 …………………… 74

第五章　清代历朝的银库库存变化 ………………………………… 83
　　第一节　康熙至道光时期的银库库存 ………………………… 83
　　第二节　咸、同、光时期的银库库存 ………………………… 89

附录　统计表格 ……………………………………………………… 93
　　一　户部银库历年大进、大出及出入盈亏统计 ……………… 93
　　二　户部银库历年结存银钱统计 ……………………………… 189

图目录

图 3-1　清前期银库各级收入的年数分布 ……………………………… 29
图 3-2　雍正、乾隆时期银库收入变化 ………………………………… 30
图 3-3　嘉庆、道光时期银库收入变化 ………………………………… 30
图 4-1　乾隆三十年京师经费分类支出比例示意 ……………………… 56
图 4-2　雍正、乾隆时期银库支出变化 ………………………………… 58
图 4-3　嘉庆、道光时期银库支出变化 ………………………………… 58
图 5-1　康熙至道光朝银库库存变化 …………………………………… 84

表目录

表 2-1	清历朝银库黄册存世数及中国社会科学院经济研究所银库黄册抄档数对照表	14
表 2-2	银库黄册抄档统计表格式	16
表 2-3	银库黄册抄档各册内容	17
表 3-1	雍正至道光朝有银库大进数字的年数及其占各朝总年数的比重	28
表 3-2	康熙至道光朝银库收入水平分级统计	29
表 3-3	清前期各朝银库岁入占全国财政总收入的比重	35
表 3-4	咸丰朝银库历年大进银、钱统计	38
表 3-5	同治朝银库历年大进银、钱统计	38
表 3-6	咸丰朝银库银钱收入总数及其中银、钱各占比例	41
表 3-7	咸丰朝银库银两收入中的实银数及其所占比重	42
表 3-8	光绪朝银库历年大进银、钱统计	43
表 3-9	光绪十一年至二十年全国岁入总数	45
表 3-10	光绪十一年至二十年岁入总数修正	46
表 3-11	甲午战争前银库收入占全国岁入的比重	50
表 3-12	庚子前后银库收入占全国岁入的比重	51
表 4-1	乾隆三十年奏销京师用额	53
表 4-2	乾隆三十年京师各类经费支出占总支出的比例	55
表 4-3	雍正朝用兵准部期间银库收支盈亏及库存变化	60
表 4-4	第二次金川之役期间银库收支、盈亏及库存变化	61

表 4-5　鸦片战争期间银库收支及盈亏统计 …………………… 64
表 4-6　嘉庆、道光时期一般年份的银库收支及盈亏情况 …… 65
表 4-7　道光二十年至二十九年银库捐输收入及其占总收入的比例 …… 67
表 4-8　咸丰朝银库历年大出银、钱统计 ………………………… 69
表 4-9　咸丰朝银库历年大出银、钱总数及其中银、钱各占比例 …… 70
表 4-10　咸丰朝银库历年实银支出及其在支出总数中的比重 ………… 70
表 4-11　咸丰朝银库历年出入盈亏统计 ………………………… 72
表 4-12　同治朝银库历年银钱出入盈亏统计 …………………… 73
表 4-13　光绪朝银库历年银钱出入及盈亏统计 ………………… 74
表 4-14　光绪二十三年银库金银钱四柱 ………………………… 75
表 4-15　甲午后中央专项经费实解情况 ………………………… 80
表 5-1　康熙至道光朝标志性年份的银库库存 …………………… 84
表 5-2　咸丰朝银库库存 …………………………………………… 89
表 5-3　光绪朝银库库存 …………………………………………… 90

附表目录

附表 1　康熙四十四年银库金银钱数目 …… 93
附表 2　康熙四十四年银库银钱出入盈亏统计 …… 93
附表 3　雍正朝银库历年大进银钱统计 …… 93
附表 4　雍正朝银库历年大出银钱统计 …… 97
附表 5　雍正朝银库历年银钱出入盈亏统计（1） …… 100
附表 6　雍正朝银库历年银钱出入盈亏统计（2） …… 100
附表 7　乾隆朝银库历年大进银钱统计 …… 101
附表 8　乾隆朝银库历年大出银钱统计 …… 115
附表 9　乾隆朝银库历年银钱出入盈亏统计（1） …… 131
附表 10　乾隆朝银库历年银钱出入盈亏统计（2） …… 132
附表 11　嘉庆朝银库历年大进银钱统计 …… 134
附表 12　嘉庆朝银库历年大出银钱统计 …… 141
附表 13　嘉庆朝银库历年银钱出入盈亏统计 …… 150
附表 14　道光朝银库历年大进银钱统计 …… 151
附表 15　道光朝银库历年大出银钱统计 …… 161
附表 16　道光朝银库历年银钱出入盈亏统计 …… 172
附表 17　咸丰朝银库历年大进银钱统计（1） …… 172
附表 18　咸丰朝银库历年大进银钱统计（2） …… 174
附表 19　咸丰朝银库历年大出银钱统计（1） …… 176
附表 20　咸丰朝银库历年大出银钱统计（2） …… 177
附表 21　咸丰朝银库历年银钱出入盈亏统计 …… 178

附表22	同治朝银库历年大进银钱统计	178
附表23	同治朝银库历年大出银钱统计	180
附表24	同治朝银库历年银钱出入盈亏统计	182
附表25	光绪朝银库历年大进银钱统计	182
附表26	光绪朝银库历年大出银钱统计	185
附表27	光绪朝银库历年银钱出入盈亏统计	189
附表28	康熙六年至乾隆三十九年银库实存银数	189
附表29	雍正元年银库金银钱四柱	191
附表30	乾隆十三年银库金银钱四柱	191
附表31	乾隆十八年银库银钱四柱	192
附表32	乾隆二十年银库银钱四柱	192
附表33	乾隆二十二年银库银钱四柱	192
附表34	乾隆二十八年银库银钱四柱	192
附表35	乾隆三十八年银库银钱四柱	193
附表36	乾隆四十年银库银钱四柱	193
附表37	乾隆四十一年银库银钱四柱	193
附表38	乾隆四十二年银库银钱四柱	193
附表39	乾隆四十五年银库银钱四柱	193
附表40	乾隆六十年银库银钱四柱	194
附表41	嘉庆元年银库银钱四柱	194
附表42	嘉庆三年银库银钱四柱	194
附表43	嘉庆七年银库银钱四柱	194
附表44	嘉庆十年银库银钱四柱	194
附表45	嘉庆十二年银库银钱四柱	195
附表46	嘉庆十六年银库银钱四柱	195
附表47	嘉庆二十年银库银钱四柱	195
附表48	嘉庆二十一年银库银钱四柱	195

附表 49	嘉庆二十二年银库银钱四柱	195
附表 50	嘉庆二十三年银库银钱四柱	196
附表 51	道光元年银库银钱四柱	196
附表 52	道光二年银库银钱四柱	196
附表 53	道光七年银库银钱四柱	196
附表 54	道光八年银库银钱四柱	196
附表 55	道光十年银库银钱四柱	197
附表 56	道光十三年银库银钱四柱	197
附表 57	道光十四年银库银钱四柱	197
附表 58	道光二十三年银库银钱四柱	197
附表 59	咸丰四年银库银钱四柱	197
附表 60	咸丰六年银库银钱四柱	198
附表 61	咸丰九年银库金银钱四柱	198
附表 62	咸丰十一年银库金银钱四柱	198
附表 63	光绪九年银库金银钱四柱	199
附表 64	光绪十七年银库金银钱四柱	199
附表 65	光绪二十三年银库金银钱四柱	200
附表 66	光绪二十四年银库金银钱四柱	201
附表 67	光绪二十五年银库金银钱四柱	202
附表 68	康熙朝银库历年结存银钱统计	203
附表 69	雍正朝银库历年结存银钱统计	204
附表 70	乾隆朝银库历年结存银钱统计	204
附表 71	嘉庆朝银库历年结存银钱统计	206
附表 72	道光朝银库历年结存银钱统计	207
附表 73	咸丰朝银库历年结存银钱统计	207
附表 74	光绪朝银库历年结存银钱统计	208

导　言

　　清代户部有三大库藏，即银库、缎匹库和颜料库，合称"户部三库"。其中以银库最为重要，"为天下财赋总汇"，"各省岁输田赋、盐课、关税、杂赋，除存留本省支用外，凡起运至京者咸入焉"[①]。清中央政府的各项财用，如八旗兵饷、王公百官俸银、京师各衙署办公经费、匠役工食等，亦均经由银库支放。户部银库在清朝财政上的地位，犹如今之国库。

　　清代财政，重京师而轻外省。清前期，各省每年所征赋税，盐课、关税正额"尽收尽解"，全部入于户部银库供用；田赋和各项杂税收入，除各省官员俸廉及地方政费留支、驻军兵饷并户部安排的省际协拨外，其剩余部分，亦均报解银库，谓之"京饷"。其时每年汇集到户部银库，由中央政府直接支配的银钱数量，约占全国赋税及其他财政收入总额的三分之一到四分之一。晚清时期，虽因各省财权增大及财政规模扩张，银库收入占国家岁入的份额有所下降，但其绝对数量依然可观。鉴于户部银库每年进、出银钱数额巨大，研究清代财政而不涉及银库收支，即不讨论清中央政府收支这一块，无疑是不全面、不完整的。然而，在以往的清代财政研究中，关于户部银库及其收支的著述，无论数量还是深度，都十分薄弱，称其为"基本空白"，并不为过[②]。之所以如此，缺乏相关资料尤其是有关银库收支

[①]　光绪《大清会典事例》卷182《户部·库藏·银库》。
[②]　就笔者所见，较早专门介绍银库及其沿革的文字是赵景澄的《清代户部三库始末》，发表于1937年5月2日《天津益世报·史学副刊》第53期。此后专门涉及银库的文字，只有彭泽益《咸丰朝银库收支剖析》（见《十九世纪后半期的中国财政与经济》，人民出版社1983年版）、中国第一历史档案馆《康雍乾户部银库历年存银数》（载《历史（转下页注）

的长时段的详尽数据是一个主要原因。清官修史书，无论历朝《实录》还是《清三通》、《大清会典事例》、《户部则例》等政书，都没有银库收支的系统记录；私家著述如各种奏牍、文集、笔记中的相关记述更属零星，难以用来支撑深入、具体的研究和分析。

其实，在留存下来的清代档案中，有关户部银库的资料是很多的。尤其是作为当年奏销制度的产物，记载有银库历年收支及库存情况的大进、大出和四柱黄册，仍有相当数量保存着，基本上可以形成从清初到清末银库收支及库存的完整数据链条。20世纪30年代，这些留存下来的银库黄册曾由陶孟和主政的北平社会调查所（1934年并入中央研究院社会科学研究所）的汤象龙先生组织人力到故宫文献馆、北京大学文科研究所等单位抄录出来，形成为现在中国社会科学院经济研究所收藏的清代抄档的一部分。这批黄册抄档在内容上与原册完全一致，但相关数据均登录在精心设计的统计表格上，且改用阿拉伯数字书写，较之原册更便于利用。

1988年我到中国社会科学院经济研究所工作后，即有意对银库黄册做出完整统计，只是不断有各种课题任务干扰而未能进行，只断断续续摘录了一些数字供个人研究之用。兹值国家纂修清史，我参与是役，乃抽出时间将这数十册抄档的历年分月收支数据及每年的旧管、新收、开除、实在四柱数全部抄录出来，并根据中国第一历史档案馆现存银库黄册原件及其他档案对之进行补充，整理制成表格。今将统计结果公之于众，供编写清史相关篇目时参考。这批珍贵史料的公布，我相信，对于进一步深化清朝财政史研究，也必将有所助益。

（接上页注②）档案》1984年第4期）、孙小《道光朝户部银库失窃案琐论》（载《中国社会经济史研究》1985年第4期）、［日］岸本美绪《清代户部银库黄册について》（《关于清代户部银库黄册》，载石桥秀雄编《清代中国の诸问题》，东京都山川出版社1995年版）、任智勇《试述晚清户部银库制度与庚子之后的变革》（载《清史研究》2005年第2期）等文章。此外，罗玉东、汤象龙、周育民等先生在他们的著作中曾部分地利用过银库资料（见罗玉东《中国厘金史》，商务印书馆1936年版；汤象龙《中国近代海关税收和分配统计》，中华书局1992年版；周育民《晚清财政与社会变迁》，上海人民出版社2000年版）。上面这些论文或专著，除赵景澄、岸本美绪及任智勇的文章涉及银库制度外，其他多限于使用银库黄册数字，对银库本身未加深论。

第一章
清代的户部银库

第一节 清代户部三库的设置及其沿革

户部三库是清代设于京师，用供中央政府度支的国家库藏[①]。清于顺治初设库于户部署后，时称"后库"。顺治十三年（1656年）分建三库，将后库改称银库；又在紫禁城东华门外设缎匹库，西安门外设颜料库，自此而有"三库"之称[②]。三库库藏，银库主要收储金、银、制钱等各种货币[③]；缎匹库收储绸、缎、绢、布、皮、丝、绵、线、麻等物品；颜料库收储铜、铁、铅、锡、硃砂、黄丹、沉香、降香、黄茶、白蜡、黄蜡、纸张、桐油及花梨木、紫檀木等物品，并专办成造香烛，供祭祀以及内用。

三库的管理，后库初隶户部。顺治七年（1650年），改各省岁解钱粮于户部为分属各部寺收支。康熙三年（1664年），命三库仍归户部管辖。雍正元年（1723年），特命王公大臣总理三库事务，铸给印信。八年，更铸"管理户部三库衙门"印信。自此，三库成为相对独立的衙门，由管库大臣

[①] 京师除户部三库外，另有内务府广储司属的银、皮、缎、衣、茶、瓷六库，为皇室内廷库藏，所储来源于内务府及其附属机构自产自收、内府在各地制造、采办以及各省岁贡，支出亦以供用内廷为主，与国家库藏有别。

[②] 据顺治、康熙时期黄册，当时银库又称"金银库"，缎匹库又称"缎匹皮张库"，颜料库又称"颜料纸张库"。

[③] 从顺治、康熙、雍正等较早时期的银库黄册可以看出，在银库的收藏中，还有琥珀、水银、泡参等诸多物品。

"总稽库藏，节制出纳"①。管库大臣无定员，由皇帝在满、汉大臣内钦命简派。其差任期初亦无定限，嘉庆六年（1801年）定一年更换，十四年改定为三年更代。光绪二十八年（1902年），裁省管库大臣，三库复由户部直辖，派员管理。光绪三十二年，改户部为度支部，颜料、缎匹二库划归度支部库藏司管理，银库改称金银库，由部直辖。

三库衙门的办事机构为"总档房"（亦称"档房"），额设主事1人、笔帖式2人、经承2人。总档房掌典守本署档案并总管各库吏役人等；各省解交三库之银、物，亦均由总档房查验文批及核给批回。档房之外，三库各设专官掌管出纳。后库时期，以郎中4人、员外郎2人、司库6人、笔帖式10人管理库务。分建三库后，最初设理事官2人执掌库印，综理库务。康熙二十五年（1686年），令管库官分隶三库，每库设掌印郎中1人、员外郎1人、司库2人。雍正二年（1724年），增员外郎为每库2人，裁减银库司库1人；又每库增置大使1人，于库内设大使厅，掌核各省文批。乾隆三年（1728年），增银库大使为2人。② 各库均设笔帖式、库使、经承、贴写、库兵等吏役人员。据同治《户部则例》，晚清时银库吏役包括经承2名、额内贴写5名、额外贴写5名、库兵12名、验匠2名，总共26人③。三库职官，除管库大臣内例有汉员外，其余均满缺。

三库各官的选补任用有明定的条例。乾隆三年（1738年）定：三库郎中、员外郎在库行走满三年后，于各部院衙门满洲郎中、员外郎内遴选保送，引见调补；司库五年一更，期满以应升主事即用，司库员缺于三库笔帖式、库使内遴选题补。又定：大使于三库笔帖式内遴选题补，五年期满，照例以应升之官即用。乾隆九年定：三库掌案主事并三库司库、大使、笔帖式、库使均三年更代。主事年满，于部院满洲主事内遴选保送，引见调补；司库年满，于各部院满洲正七品、从七品小京官内遴选保送，引见调补；库大使年满，于各部院满洲笔帖式内遴选保送，引见调补，均各以原衔食俸，停其五年期满保题升用之例。三库笔帖式年满，于各部院满洲笔帖式内保送，每员缺遴选二人保送，引见调补；三库库使年满，于各部寺

---

① 乾隆《大清会典》卷8《户部》。
② 以上据光绪《大清会典》卷24；光绪《大清会典事例》卷181《户部·库藏·管库官役》。
③ 同治《户部则例》卷13《库藏·稽查文札》。又清末京师官书局出版的《户部银库奏案辑要》第13页《裁并三库详晰核议妥定章程》的记载相同。

库使内遴选保送,引见调补。①

第二节　户部银库出纳的基本制度

户部银库是清代的国库,清中央政府的绝大部分财政收入均入储此库,各项开支亦经由其放出。银库的收入来源,据光绪《大清会典事例》:"各省岁输田赋、盐课、关税、杂赋,除存留本省支用外,凡起运至京者咸入焉。田赋由各州县运赴布政使司,由布政使司解部。盐课或场官经征,申解盐运使司,或盐运使经征,均由盐政委官解部。关税由各关监督按例征课,分季解部。杂赋解部与田赋同。直省赃罚银汇解按察使司,除解刑部公用外,余亦解部,均入库收贮。宝泉局铸出制钱亦入库收贮,以待度支"②。

以上各省解京之田赋、盐课、关税、杂赋等税项,是银库收入的主要来源,但不是全部。各税之外,各省还有许多例定的解款项目。如据同治《户部则例》,当时直隶布政使司于每年春秋二拨京饷外,还另解"大名、广平二府芝麻铺垫银"30.68两;山东布政使司于京饷外,每年另解"德州减存行粮折色银"、"德、常二仓米麦折色银"、"临仓米麦折色银"、"盐务各案归公银"、"铜斤水脚银"等项,其中有有定额者,有无定额者;山东盐运使司于盐课正额外,每年另解"运司归公银"8438.11两、"正引纸价银"1650两、"额余票纸价银"759.72两,等等③。银库在京师的收入,则除宝泉局所铸钱文外,还有户部捐纳房每年所收常捐银两、京师各衙门额解或随时交进的各种款项,如"巡捕五营每岁专批额解朋扣银、倒马皮脏变价银"、"左右两翼铁匠局每年领用炉座公费节省银"、"五城应解房租及各项变价分赔银"、"八旗应解部库银"、"在京衙门交纳现审赃罚银钱"④,等等。

户部银库有内、外库之别。外库即户部署后之库。内库设自康熙时,

---

① 以上据光绪《大清会典事例》卷181《户部・库藏・选补库官》。
② 光绪《大清会典事例》卷182《户部・库藏・银库》。
③ 同治《户部则例》卷13《库藏・年额解款》。
④ 同治《户部则例》卷13《库藏・年额解款》、《库藏・随时解款》。

地点在紫禁城东华门内①,储银百余万两,"备闭城日用,永远不动"②。内库虽亦银库之一部分,但其存银系准备金性质,日常并不动用。银库每年出入银钱,俱在外库。

银库收贮各处解送银两,俱依部颁砝码,按库平称量。雍正十年(1732年),以部定正、副砝码颁发各省,令"嗣后解银,将副砝马封交解官,赍领到部,与库存原砝马较准合一,然后兑收。如有短少,将解官参处。倘有将砝马私行改铸者,查出参奏,按律治罪。库官故为轻重,查实严参"。十二年又规定:"解部银如有短少,将原银交解官看守,行令兑发官亲身赴京到部,自看弹兑,令其对证明确。若无短少,将库官从重议处;如果短少,将兑发官及解官分别议处,所缺银著落兑发官赔补。"同年还规定:田赋地丁均以元宝(每锭库平50两)解交③,关税、盐课及漕项许以散碎银解交。乾隆三年(1738年),令两淮盐课银亦倾铸成元宝解交。凡以元宝解部者,须在元宝上錾凿倾熔元宝之州县及银匠姓名(乾隆四十一年以后,令于州县银匠姓名之外,再加凿年月)。散碎银入库,例有"加平"。乾隆二十六年定:各省解部之盐课、关税、漕项散碎银两,于起解时,关税、盐课每1000两加银15两,漕项每1000两加银5两。道光二十三年(1843年),令银库收纳各款,除直隶旗租及地丁银两外,其余以每1000两加收平余银25两为率④。

各省解银交库,须经解官投递文批、户部承办司出具印付、银库兑收、发给批回等一整套程序。顺治初定:直省起解本色物料或折色银到部,由户部该管司查验,移文掌库官,照数兑验收存,出给库收,付覆各司。雍正二年(1724年)定:各省解送银、缎、颜料,须将领解官役姓名、所解

---

① 吴长元《宸垣识略》卷2《大内》:"銮驾内库、户部银库,俱在内阁之东,面城,南向。稍北即东华门,为紫禁城之东门也"。(北京古籍出版社1981年版,点校本,第27页)
② 何刚德《春明梦录》下。按内库储银数,何刚德谓"存款百二十万",但据光绪朝四柱册,至少在光绪时期,内库"应存银"只有1095900两。
③ 福建地丁钱粮以10两小锭解交。
④ 此为一般关税、盐课及漕项等散碎银入库加平之数。个别入款另有条例,如是年还规定山东临、德二仓银、多伦诺尔、乌兰哈达、塔子沟、八沟、三座塔各税银、各处零交杂项银,均每1000两加平20两;广东锡价银每1000两加平30两;各省监饷银每1000两加平3两;山海关税银每年加平400两;归化城税银每年加平300两;杀虎口税银每年加平640两;天津道海税银每年加平600两;福建垎折银每年加平120两。此外,捐项银通常每1000两加平40两。

银物数量及启程、到部日期等项，豫行知会各库大使。文到，该大使呈报总理三库大臣及库官。解到之日，户部将批文登记号簿，送承发科，即令该管司司官共同监收，呈报总理大臣。至劈鞘时，令大使看劈。八年定：嗣后凡解银及颜料香木等项到部，均限一月内验收并发给批回。乾隆四十一年（1776年）议准：凡饷鞘到部，不论迟早，库大使照数点明，督令原解官役投批，并令原送人夫将饷鞘运入银库大门堆储，责成在库人役夜间加谨巡逻；如门役包揽需索，当月司员及大使厅官严拏究治。又议准：凡解部银、缎、颜料，令原解衙门出具印批及咨文，解批由大使厅呈堂签到，转交户部承发科查明挂号，于3日内付库收银；咨文径投户部承办司，该司照咨出具二付，送库核对。照数验收后，由库官将批、付填写收讫字样，一付存库，一付发司，并将解批钤盖库印，移付总档房呈堂钤印，即传该解员役赴领，不得汇发。四十六年奏准：饷鞘到库及劈鞘收兑起止日期，俱逐日登记，按月造册，由三库档房移送户部承办司分转送江南道查核。道光元年（1821年）议准：解官投文后，户部承办司付库毋得过10日，付库后劈鞘毋得过5日。又定：饷鞘进城，步军统领衙门即行知照户部并三库档房，同时知照查库御史，责成查库御史限催解官于3日内赴三库大使厅投递文批，大使厅于3日内将文批转发到部。十六年遵旨奏定：各省解运文批及户部兑收后所给收批，俱令江南道衙门查验。二十三年定：银库经收一切银两，户部承办司分别出具印付、印札（外省批解各项由司出具印付，在京衙门移交暨赴部呈交各项由司出具印札），监收官签押后投库。俟银库验收之日，监收官亲身赴库，与管理三库大臣督同库官及交银员役，三面眼同劈鞘，拆封兑收。二十五年奏准：外省解部银物，解批径交该库，咨文由三库大使厅送部签到。该库核对收足后，户部承办司凭该库印付具稿呈堂，行知各该省，永停给发司印实收之例。三十年奏准：嗣后管解员役投文后，大使厅付承发科、承发科付各司、各司付银库，均以2日为限。咸丰十年（1860年）定：各省解到银、物，该解官将文批径赴户部司务厅投递，该厅即日签到，一面付知各库大使厅，一面令承发科挂号，填注时刻，发交承办司分付库兑收。

库银支放，亦有定规。康熙四十五年（1706年）定：银库每年新收银别行收贮，用银时将旧银挨用，以利盘查，而数目亦得清楚。其支领手续，雍正十二年（1734年）定：八旗支领兵饷，令参领、佐领、骁骑校等亲身赴库，眼同库官弹兑收领，领回后亲身散给，以免扣剋。乾隆十六年（1751年）定：凡暂举之工程，与不常支领之款项，虽来文清、汉兼全，仍于收文后，移咨领款衙门查核，俟复文相符，再行给发；所有在京各衙门来往文移，除理藩院、察哈尔领侍卫内大臣等处向无汉文，顺天府等衙门向无清文，均免兼写清、汉文外，其余各衙门文领到部，如有不兼清、汉文者，照例驳回。乾隆四十一年定：收放一切银两，由户部承办司分别出具印札、印付投库，内开监收监放官职名，令其签押画字，届时赴库亲监收放，并务令交银领银员役亲身交领，不得任听书吏领催包揽。嘉庆十四年（1809年）又定：银库支放在京衙门及八旗俸饷各项银两，均令各该衙门于咨行文领内注明承领官衔名，户部专设支发总档，令该员亲身赴部画押，与监放官到库眼同支领；其工程银两，办工大臣于知照户部文内，注明承修司员衔名，令该司员亲身到部画押，会同监放官赴库关支；其杂项并例给盘费等项，该大臣官员不能亲身赴领者，由户部承办司员赴库支领付给，按月造册报销。道光二十三年（1843年）定：八旗俸饷平单仍于札发前三日送库；其余平单，于札发前一日送库预平。同治四年（1865年）定：嗣后每遇八旗支领饷银，于各该旗都统、副都统内酌定一员，亲身赴库，并带同章京及认识银色人役，会同管库大臣等监放监领。如有短少，未领以前，责成在库，既领之后，责成在旗，不准互相推诿。光绪四年（1878年）奏准：嗣后各直省督抚并各路统兵大臣赴部领解饷项，必须遵照向章，投递印领，以凭给发；如无印领，概行驳回，以杜流弊而重库储。

支发库银，有给元宝者，有给散碎银者，定有条例。凡军需、在京王大臣及外藩蒙古等俸银，均给元宝。乾隆二十六年（1761年），令特拨库帑赈恤亦给元宝。当时直隶被水，拨库银50万两往赈，皇帝谕："闻银库旧例，凡遇应拨银两，除俸饷外，俱有应扣平余。此在工程等项需用银两，原不必悉照部法支给。若地方遇有灾歉，特拨帑银赈恤，惟期间阎实被恩膏，毋许不肖官吏丝毫扣剋，岂可于部库拨给时，分两稍为轻减？此次所发五十万两，著该部于库贮元宝内，如数发往。嗣后如遇赈恤之项，俱照此行，著为令。"一般支放多给散碎银，并有扣发平余、搭给成色银定规。乾隆四十一年议准：银库经放买办物料、直隶岁修河工、颜料缎匹二库折价及凡应以市平扣发银两者，每库平1000两，扣平银36两；兵部盐菜、刑部医药、光禄寺备用各银，以及买办草豆物料、各役米折月银、各寺庙喇嘛口食等项，每 1000 两搭配成色银 30 两。又议准：拨解赈济、军需暨外藩蒙古俸银，专以元宝验放；其支发八旗兵饷、月选官请借养廉及一切零星支款，专以散碎银两验放；如零星银两为数较多，仍准以元宝、散碎银通融搭放。①

银库收支，银两之外，以制钱为最大宗，自雍正以降，每年进、出之数约计在五六十万串至百余万串之间。钱文来源，绝大部分为户部宝泉局所铸卯钱，按月交库收储；工部宝源局所铸卯钱，亦有部分解交银库。宝泉局卯钱解库，定制每月局文到部后，由广西司于 5 日内办具印付付库，银库以付库到日起限，10 日内尽数收完。银库钱文，主要用于搭放兵饷；遇积存卯钱过多，库内不敷堆储，则随时奏明，于兵饷及各项工程用款内一并增加搭放。②

上述之外，银库于启闭日期、内部人员管理、出入稽查、日常巡逻守卫、奏派大臣定期盘库等，亦均有规制，不一一介绍。

---

① 以上关于户部银库银两出纳制度的介绍，除另注者外，均据光绪《大清会典事例》卷 182《户部·库藏·银库》。
② 以上据同治《户部则例》卷 13《库藏·收放钱文》。

第二章
现存户部银库黄册及银库黄册抄档

第一节 户部银库黄册

现存户部银库黄册是银库每年例行造报、进呈皇帝御览的收支奏销册。这里，有两项涉及清代财政管理和文书的制度须稍作说明。

首先是奏销制度。清制，京内外一切财赋收支，于执行完竣后，该管大臣或衙门除要向皇帝奏报外，还须按规定限期造册咨送户部审核（涉及军需、工程者兼达兵、工二部，赃罚银报销兼送刑部），有定例的按照定例，无定例的依循旧案①，与例、案相符者由部复奏准销，不符者据原册指驳，令其改正，是谓奏销。奏销有常例，有专案。常例奏销为每年循例进行的经常项目奏销。如各省地丁、漕粮、盐课、关税等的收支奏销，在京各衙门的经费奏销等，皆有规定的奏销期限、款目及报册格式，分别由各省布政使经督抚（地丁奏销）、漕运总督（漕粮奏销）、各关监督（关税奏销）及开支某款的京师衙门在限期内每年按例造报（一般为次年奏销上一年度收支），是为常例。专案奏销为用兵之军需、专兴之工程、灾荒之赈济等特别动支款项的奏销，多于全案完成后专案造报；迁延连年者则分别年份，分次造报。奏销册一般按旧管（或原额）、新收、开除、实在四柱格

---

① 清代报销款项，有有定额者，有无定额者。凡经制项目，入有额征，动有额支，解有额拨，存有额储，皆依定例而审核之。其无定额项目，征无额者尽收尽解，支无额者实用实销，拨无额、储无额者随时报拨、报储，奏销时皆循据旧案入销。

式，一一开列报销的款项及其总、散各数，所报之款须与例、案相符，总、散各数互相核对务必一致。通过奏销，作为全国最高财政主管部门的户部便可有效地对京师及外省的财务收支进行监督和控制。

其次是黄册制度。清代，内外臣工或衙门向皇帝奏报事项，凡涉及报销及一切例应缮册报告者，皆随本进呈相关册籍。此种册籍，因其以黄绫封面而被称为"黄册"。在进呈黄册的同时，依所报事项的性质，另向相关部、科咨送相同内容的册籍，以凭稽核。此种册籍，以青纸或青绫封面，通称"青册"（亦称"清册"）。进呈之黄册在该事项奉旨后，一般随本并发，由内阁交各该主管衙门照旨办理；亦有皇帝暂存宫中留览者。随本并发之册俟该衙门核复竣事，仍令移送内阁典籍厅，存贮于内阁大库。留览之册于每年年终由宫内发出，亦交典籍厅存贮大库。

现存户部银库黄册，即为上面两项制度的产物。第一，它们均为每年循例造报的奏销册；第二，它们是原存贮于内阁大库、曾经进呈皇帝御览之册，而非报送部、科稽核的清册。

关于户部三库的收支奏销，乾隆《大清会典》记载："（三库）财用出入之数，月有要，岁有会，皆核实以闻"；"凡财贿之受藏于库及取用于库者，皆书其数，岁终乃执其总，会三库群吏之籍而参考之，以待奏销"[①]。又光绪《大清会典》载："凡库，慎其守藏，月终具出纳之数以闻，越岁汇核而奏销焉"[②]。

上述记载，所谓"月有要"、"月终具出纳之数以闻"，系指月折制度。同治《户部则例》载："三库月支银两、颜料、缎匹，每月月底缮折具奏，奏后将原折咨送都察院转交江南道查核。其承办札发各司，各将一月内札发过银、缎、物料细数造册，连稿于下月初十日内移送江南道，听候磨对汇题"[③]。月折制度，是清代对三库出纳进行稽核、监督的第一关。

月折之外，就是循例的"越岁汇核而奏销"了。三库奏销的时间，未见明文规定。现存三库奏销黄册，自雍正朝起，均不书进呈月日，而仅于

---

① 乾隆《大清会典》卷12《户部·库藏》。
② 光绪《大清会典》卷24。
③ 同治《户部则例》卷13《库藏·支发库项》。

册内开头书明"某库谨将某年正月起至十二月止大进（或大出、四柱）数目开列于后"。顺治、康熙两朝黄册记录的进呈时间，顺治朝一般在报销年度的次年三四月间；康熙朝要晚一些，多于五六月，甚至更晚，但绝大部分都还是次年报销上一年度的收支①。参照顺、康两朝黄册的情形以及清代报销通例，雍正以后的黄册也应当在报销年度的次年造报进呈，即所谓"越岁奏销"②。

清代三库黄册，顺、康两朝一般为每库每年一册，题为"某年某库钱粮数目册"，或"某年某库出入钱粮数目册"，册内按旧管、新收、开除、实在四柱格式，开列该库一年内出入之银、缎、物料数量。雍正以后之册则每库每年三册，分别为大进册、大出册、四柱册。大进册和大出册按月开列一月内该库每笔进、出之库项及其数量，并写明该库项的交解或支领衙门及相应的户部承办司、处名称；每月最后开列该月总数；个别大进、大出册在最后开列有一年总数，但绝大多数都只有月总而无年总。四柱册较为简单，通常只按管、收、除、在四柱格式开列一年总数。大进、大出册与四柱册相辅相成：前二者记载某库一年内库项进、出的详细情况，四柱册则不但反映一年内该库收支的总体情况，而且通过旧管、实在两个项目，交代该库上年的结存及本年度到年底为止的结存，一年内出入之盈亏一目了然。由顺、康时期相对简单的钱粮出入数目册发展到雍正以后的大进、大出及四柱册，反映了清代三库奏销制度不断趋于严密和完善。

---

① 顺、康时各库造报黄册进呈的时间，参见国立北平故宫博物院、北京大学、中央研究院历史语言研究所编《清内阁旧藏汉文黄册联合目录》（1947年出版）。按这一时期黄册的进呈时间，仅康熙末册造报时间较晚，与报销年份相隔两年，如银库报销康熙五十九年钱粮数目，造册时间为康熙六十一年九月二十五日；缎匹库报销康熙五十八年出入钱粮数目，造报时间为康熙六十年五月十八日。此种情形，当属例外。

② 同治《户部则例》卷13《库藏·支发库项》谓"三库每岁出入钱粮物料，于岁底造册具奏"。这是不可能的，因为现存各库黄册报告的出入款项，均截至十二月底，而核算当年十二月出入之数，至少也要等到次年开印之后才能进行。《户部则例》所谓"岁底造册具奏"，当指各库于岁底即开始进行造册报销的准备。乾隆《大清会典》卷12《户部·库藏》说"岁终乃执其总，会三库群吏之籍而参考之，以待奏销"；光绪《大清会典事例》卷182《户部·库藏·银库》载顺治十二年题准的条例："掌库官司库，每岁终将出纳银钱造册呈堂核算"，都证明每年底各库只是进行造册报销的准备，实际报销则肯定要等到次年。

原存贮于内阁大库的三库黄册早在清代前期即已因保管不善而有不少损毁缺失①。清末以降，大库档案命运多舛，曾有相当部分离开原藏处所流散迁徙，辗转变卖，分散到许多单位甚至个人手中，在此过程中又有大量损毁②。这其中，就包括部分三库黄册。20世纪30年代，故宫博物院文献馆（今中国第一历史档案馆前身）对仍存宫内的6600余汉文黄册加以整理编目，于1936年出版了《内阁大库现存清代汉文黄册目录》。当时还对流散于外的原清宫档案的主要收藏单位北京大学文科研究所国学门和中央研究院历史语言研究所的黄册进行了整理编目，加上文献馆所存，于1947年出版了《清内阁旧藏汉文黄册联合目录》（简称《联合目录》），共计编入汉文黄册17000余册。三个单位合编的这本《联合目录》，是到目前为止收录尚存于世的清代汉文黄册最全的目录。新中国成立后，原在国内分散收藏的清内阁大库档案包括黄册在内，除被运往台湾一部分外，成规模的收藏，均于1952年重回故宫，目前由中国第一历史档案馆保存③。

第二节　银库黄册抄档的由来及现存状况

中国社会科学院经济研究所现藏户部银库黄册抄档，是1930年冬至

---

① 如下文提到的中国第一历史档案馆藏军机处《上谕档》中一件乾隆四十年军机大臣遵旨查明康雍乾年间户部银库每年实存银数的奏片即说"康熙年间档册（年）久霉烂不全"，因而"未能按年开载"，证明早在乾隆中，康熙朝的档册即已缺失不全了。该奏片所附清单开列的康熙朝历年银库实存银数，只有26个年份的数字，缺失十分严重。

② 关于清末至民国初期内阁大库档案流散迁徙、辗转变卖，终致为多家分散收藏及期间不断损毁的情况，当时人有不少记载，如徐中舒即写过《内阁档案之由来及其整理》、《中央研究院历史语言研究所所藏档案的分析——再述内阁大库档案之由来及其整理》等文（分见《明清史料》首本第1~3页、《中国近代经济史研究集刊》2卷2期，1934年5月，第166~221页），对之加以记述。鲁迅《而已集》中《谈所谓"大内档案"》一文，亦专门揭露了他在北洋政府教育部任职期间，亲见亲闻大库档案被偷盗损毁的种种内情。《故宫博物院院刊》1981年第3期载李鹏年《内阁大库——清代最重要的档案库》一文，则对清末以来大库档案流散社会及其最终回归故宫的历史，做了简明扼要的介绍。

③ 新中国成立前成规模收藏清末流出宫外的内阁大库档案的，有中央研究院历史语言研究所、北京大学文科研究所、历史博物馆及沈阳的奉天图书馆等单位。其中除中央研究院历史语言研究所抗战前运往南京的100箱于新中国成立前夕被运往"台湾"，以及历史博物馆尚保存一部分外，其余各处的收藏，包括中央研究院历史语言研究所原存放于故宫午门和端门未运往"台湾"的部分，均在1952年由故宫档案馆（即原故宫文献馆，今称中国第一历史档案馆）接收。

1937年卢沟桥事变前的近7年中，汤象龙先生在陶孟和支持下，组织人力到故宫文献馆等单位抄录出来的总数不下12万件清代档案中的一部分。当时抄录的黄册，为故宫文献馆和北京大学文科研究所国学门保存的部分；中央研究院历史语言研究所等单位的收藏，据笔者查证，没有抄录。这批黄册抄档，仅就本书使用的户部银库部分而言，是抄得相当全的：凡相对完整、能够加以利用的，基本上都抄录了而少有遗漏，其中还包括个别的今天已经无法得见的黄册。表2-1是对《联合目录》编入的银库黄册数量、中国第一历史档案馆现存银库黄册数量和中国社会科学院经济研究所抄档所抄银库黄册数量的对照统计[①]。

表2-1　清历朝银库黄册存世数及中国社会科学院
经济研究所银库黄册抄档数对照表

时　期	《联合目录》编入册数	中国第一历史档案馆现存册数	经济研究所抄档所抄册数
顺治朝	2	0	1
康熙朝	2	0	1
雍正朝	19	15	14
乾隆朝	94	79	78
嘉庆朝	52	46	43
道光朝	65	56	56
咸丰朝	18	17	15
同治朝	10	8	8
光绪朝	26	19	7
总　计	288	240	223

---

① 这个统计不包括未明年份和未明朝代的黄册。又表2-1中中国第一历史档案馆现存银库黄册数，是根据该馆提供的故宫文献馆《内阁大库现存清代汉文黄册目录》和北大文科研究所编国学门黄册目录做出的。这两种目录仅是中国第一历史档案馆目前能够提供查阅的部分黄册的目录，而不是其现藏全部黄册的目录。中国第一历史档案馆的现藏黄册，还应包括原在午门及端门两处、未被运往"台湾"的中央研究院历史语言研究所的档案中的黄册。但这部分黄册，中国第一历史档案馆接收以后从未整理，现亦无目录可供查阅，无从知其具体数量。其实即便原文献馆和北大文科研究所的黄册，由中国第一历史档案馆统一保管后也未经清理，又加多次迁移及其他一些原因，有些虽目录仍在，但已很难仅凭目录找到原册了。

由表2-1可以看出：第一，20世纪30年代仍然存世的银库黄册大部分都收藏在故宫文献馆和北大文科研究所，中央研究院历史语言研究所收藏的数量不多；前两个单位收藏的银库黄册，即现在集中保管于中国第一历史档案馆的银库黄册，合计册数占《联合目录》编入册数的80%以上。第二，中国社会科学院经济研究所的银库黄册抄档，除光绪朝部分的册数与中国第一历史档案馆现存册数有较大差距外，其余各朝之册可以说基本上都抄了。当时没有抄的，经过核对，可能有两个原因：一个是没有见到，属于遗漏[①]；另一个是原册残破过甚，已无抄录价值。当时抄录的黄册，均为劫后之余，许多都湿烂霉变，虫蚀鼠啮，残破不堪。这样的册子，如大进、大出黄册，如果仅册尾残缺，则最多损失十二月份数据（仅缺尾页还可根据当月的每笔进出细数合计出全月总数），但若册首残缺，则难以知晓其为何朝何年之册；若全册有相当部分残破甚或粘连不能分开，则此册就基本上没有什么用处了。当年没有抄录的黄册，经笔者检阅（凡能借出者均已过目），以严重残损、无抄录价值者居多。

从表2-1还可看出：《联合目录》编入的顺治、康熙两朝仅存的4册银库黄册，均不在中国第一历史档案馆的现有馆藏中（至少在目录中没有），而中国社会科学院经济研究所的抄档却保存了其中两册，分别为顺治十七年分银库钱粮数目册和康熙四十四年分银库钱粮数目册。此二册均为残册，顺治十七年册数据缺失尤甚，实际已无法使用；康熙四十四年册则新收、开除两个项目均完整，可据之了解该年度的银库收支。虽为残册抄档，但保存了仅存的清朝早期、今又已不见的银库黄册数据，仍然显得特别珍贵。

中国社会科学院经济研究所的银库黄册抄档自雍正朝以后，就比较有系统了。虽然中间缺失年份不少，有数据的年份大进、大出及四柱册均全的也不多，但总体上，可以形成从雍正到光绪甲午前后长达170年左右的银库收支数据链条[②]。这种成系统的长时段数据，在清代财政史乃至整个清代

[①] 从现存抄档的某些迹象看，20世纪30年代前期汤象龙先生组织人力抄录清宫档案的时候，故宫文献馆，特别是北大文科研究所的黄册整理工作尚未进行，至少是尚未全面竣工。因此可以想见，当年抄录者面对的档册，其存放是混乱而无序的，这种情况下有个别遗漏在所难免。而且，不能排除有些档册是在抄录工作结束之后才进入收藏的可能，因为文献馆的黄册，有一些是陆续从民间购入的。

[②] 现存银库黄册抄档，大进册到光绪二十二年（1896年）止，大出册和四柱册到光绪十七年（1891年）止。

经济史的现有资料中,都是不多见的。这批抄档的宝贵价值,也正在于此。

抄档的内容与原册完全一样,但在数据的记录方式上有所不同。清代银库的大进和大出册,均系按月、按时间先后开列各笔进、出库的银、钱数量,类似流水账;每月最后,开列该月总数,格式如下:

银库谨将某年正月起至十二月止大进(大出)钱粮数目开列于后
计开
正月份
一某司处付(札)某衙门交进(领)某项银钱若干
一某司处付(札)某衙门交进(领)某项银钱若干
……
以上共进(出)银若干
钱若干
……(以下各月,均照如上格式,直至十二月份)

而抄档则将原册内容设计成统计表格,并将原册纯按时间顺序的流水账记录方式改为按户部承办司处分类,然后按月份及月内时间先后分别登录各笔进出的银钱款目和数字,如表2-2所示。

表2-2 银库黄册抄档统计表格式

月份	某朝某年		某司(处)		
	收入(支出)款项		银额	钱额	备注
正月	某司处付(札)某衙门交进(领)某项银(钱)		(数字)	(数字)	
	某司处付(札)某衙门交进(领)某项银(钱)		(数字)	(数字)	
……	……		……	……	
十二月	(各月均如以上格式登录)				

每册最后为一总表,登录该年每月总数。显然,大进、大出册抄档记载数据的方式,较之原册,更加眉目清晰,方便统计。

四柱册抄档的数据,依原册按旧管、新收、开除、实在四柱格式登录,只将原册大写汉字的银钱数目改用阿拉伯数字书写。

这批抄档的数据质量相当好。所有数字,当年抄录后均经过认真核对,无误者用铅笔在后面打钩,有误则用红笔改正。我在利用这批抄档时,曾抽取部分抄册与中国第一历史档案馆收藏的原册核对,极少发现错误。又曾将大进、大出册数字与四柱册数字互校[①],亦少有差异;偶有误差,也多系照录原册,而非抄写之误。从一些抄册看出,当年的抄录者在忠实记录原档数据的同时,还进行过初步的数字核算,发现了原册的一些错误。如道光十四年大进册抄档,在十一月份钱额后注:"十一月份钱额与细数相加不符,细数有问题";道光二十年大进册抄档在各月总数后注:"三月及十二月总计数与细数相加不符",如此等等。这些对原册的附注,不但反映了当年抄录者认真负责的工作态度,而且对今天研究利用这些数据,也有很大的帮助。

中国社会科学院经济研究所"户部银库类"黄册抄档,不像原册那样每册独立一本,而是根据抄册内容将若干抄册合并装订成一厚册,200余抄册共计装订成35厚册。其排列顺序,亦不像原册那样将每年的大进、大出及四柱册放在一起,而是按照大进册、大出册、四柱册分类,再依朝代、年份先后,分别装订排序。这35册"户部银库类"黄册抄档的内容如表2-3所示。

表2-3 银库黄册抄档各册内容

抄档册序	类别	内含黄册年份
第1册	大进,雍正朝	雍正2、3、5、7、9、10、11、13
第2册	大进,乾隆朝	乾隆1、2、5、9
第3册	大进,乾隆朝	乾隆11、14、16、18
第4册	大进,乾隆朝	乾隆19、20、25、26
第5册	大进,乾隆朝	乾隆28、29、30、35、37、39
第6册	大进,乾隆朝	乾隆41、43、46、47、48、49
第7册	大进,乾隆朝	乾隆50、51、55、57、58、59、60
第8册	大进,嘉庆朝	嘉庆1、3、6、7、9、10、12

---

① 根据大进、大出册各月总数计算出来的某年进、出总数,应与该年四柱册的"新收"、"开除"两项分别相符;四柱册的"旧管"一项,应与上年四柱册的"实在"相符,而"实在"一项,则应与下年四柱册的"旧管"相符。又一四柱册内,"旧管"与"新收"相加,减去"开除",应等于"实在"。以上这些,都是可以互相校核的。

续表

抄档册序	类别	内含黄册年份
第 9 册	大进，嘉庆朝	嘉庆 13、14、17、19、20、22、24
第 10 册	大进，道光朝	道光 1、2、3、4、5、7、8、9、10、12
第 11 册	大进，道光朝	道光 13、14、16、19、20、21、22、23、25、26、28、29、30
第 12 册	大进，咸丰—光绪朝	咸丰 1、2、3、5、6、9、10 同治 4、5、6 光绪 18、22
第 13 册	大出，雍正朝	雍正 3、7、8、9、11
第 14 册	大出，乾隆朝	乾隆 1、3、5、8
第 15 册	大出，乾隆朝	乾隆 9、14、15、17
第 16 册	大出，乾隆朝	乾隆 18、22、23、25
第 17 册	大出，乾隆朝	乾隆 26、27、29、30
第 18 册	大出，乾隆朝	乾隆 31、32、35、36
第 19 册	大出，乾隆朝	乾隆 37、38、40、43
第 20 册	大出，乾隆朝	乾隆 45、46、47、49
第 21 册	大出，乾隆朝	乾隆 50、51、53、54
第 22 册	大出，乾隆朝	乾隆 55、56、58、59
第 23 册	大出，嘉庆朝	嘉庆 1、2、4、5
第 24 册	大出，嘉庆朝	嘉庆 7、8、9、10
第 25 册	大出，嘉庆朝	嘉庆 12、14、16、17
第 26 册	大出，嘉庆朝	嘉庆 18、19、20、21
第 27 册	大出，嘉庆朝	嘉庆 22、23、24、25
第 28 册	大出，道光朝	道光 1、2、3、5、6
第 29 册	大出，道光朝	道光 7、8、9、10、11
第 30 册	大出，道光朝	道光 12、13、14、17、18
第 31 册	大出，道光朝	道光 19、20、21、22
第 32 册	大出，道光朝	道光 23、24、25、27、29、30
第 33 册	大出，咸丰朝	咸丰 2、3、8、9
第 34 册	大出，同治朝	同治 2、4、5、6、8
第 35 册	大出：光绪朝 四柱：顺治—光绪朝 附录：饭银四柱、银钱日清	大出：光绪 5、9、17 四柱：顺治 17；康熙 44；雍正 1；乾隆 13、18、20、22、28、38、40、41、42、45、60；嘉庆 13、7、10、12、16、20、21、22、23；道光 1、2、7、8、10、13、14、23；咸丰 4、6、9、11；光绪 9、17

注：为便于排版节约篇幅，本表内的清代各朝年份都使用阿拉伯数字。

第三节　本书对银库黄册抄档的利用

本书包括两种关于清代户部银库银钱数字的统计：一为银库历年大进、大出及出入盈亏的统计，一为银库历年结存的统计。两部分统计所依据的资料均以中国社会科学院经济研究所银库黄册抄档为主，同时，也尽可能利用了中国第一历史档案馆的现存原始档案对之进行补充。

1. 银库历年大进、大出及出入盈亏统计

这种统计主要依据大进和大出黄册做出，而以四柱黄册进行补充。前面提到，清代从雍正朝开始，银库每年奏销时，均造报载有分月收支详情的大进和大出黄册，通过这两种册籍，可以得到银库各年按月的收入和支出数字并据之计算出各年总数（除极个别外，大进、大出册均无年总数）。这种统计以按朝代为单元分别列出的银库历年大进、大出银钱统计表为主体。两种表的分月数字按大进、大出册照录，年总数则系根据分月数字合计得出。大进、大出表之外，另将两表中进、出数字俱全的年份提出，单独开列各朝历年出入盈亏统计表①。

现存银库黄册乃劫后之余，年份缺失很多，有数据的年份也不是同一年的大进、大出及四柱各册均全。为更有效地利用现有资源，做出尽可能完整的统计，除以大进、大出册为基本数据来源外，对四柱册的"新收"（即当年收入）和"开除"（即当年支出）两项数字也加以利用，以其补充相应的大进或大出表。凡据四柱册补入的各年进出数字，在各表中均以"＊"号标记并在表注中说明。

这种统计对四柱册的利用还有一种情况，即当某年的大进或大出册有残缺，无法准确计算该年总数时（一般为册尾残，缺失十二月份总数），如

---

① 雍正、乾隆两朝的出入盈亏统计表均各有两个：一个仅根据前面所列各该朝的大进、大出银钱统计表做出，另一个则将根据乾隆四十年军机大臣奏片所附清单的两朝库存记录推算出来的年份的收支数字亦补充进去，使两朝的收支及盈亏统计更加完整。这份清单的库存记录自雍正朝起便是完整的，一年不缺，故可据之将其所记录时间内只有大进或大出数字年份所缺失的大出或大进数字，也推算出来。推算的依据是清代的四柱记账方式：上年末结存＋本年收入−本年支出＝本年末结存，具体推算公式为：某年收入＝该年支出＋该年库存−上年库存；某年支出＝上年库存＋该年收入−该年库存。

该年四柱册尚存，就在相应的大进或大出表此年总数一栏内，于开列根据分月数合计的年总数之外，附列四柱册的年总数。分月数字虽不缺，但合计年总数与四柱册数字有差异时，亦附列四柱册数字。

本书使用的银库黄册，有抄档的均据抄档。不在抄档之内，为本书加以利用的中国第一历史档案馆现藏黄册原件有：乾隆三年大进册，嘉庆十三年大出册，光绪二十三年、二十四年、二十五年的大进册、大出册和四柱册，共计11本。少数虽在中国第一历史档案馆有存而本书未加以利用的抄档外黄册（计8本），均为严重残损无法利用者。可以说，本书已经尽可能全面地利用了现有的银库黄册资源。

2. 银库历年结存统计

这种统计主要根据现存银库四柱册做出，即利用其"旧管"（上年底结存）和"实在"（本年底结存）两项来编制统计表格。为使读者全面了解各统计年份的四柱奏销情况，这种统计表格也分两种：一为根据各年四柱册分别制作的表格，依原册内容，一一照录各该年旧管、新收、开除、实在四项数字；一为根据前一种表格的旧管、实在两项数字制作的各朝银库历年结存银钱统计表。

现存银库四柱册的缺失情况比大进、大出册更为严重。雍正以前之册仅在抄档中保存有顺治十七年册和康熙四十四年册2本，且均为残册。前一种的数据大部缺失，已基本无用；后一种因只存新收、开除两项数字，也对统计年末结存没有用处。雍正以后之册，连同不在抄档之内的光绪二十三、二十四、二十五年3册，共计38本，可供统计库存的年份仅60余年。所幸的是，在中国第一历史档案馆的军机处《上谕档》中，现存有一件乾隆四十年（1775年）军机大臣关于康雍乾年间户部银库实存银数的奏片，其后附有起自康熙六年、止于乾隆三十九年的银库历年实存银数清单。这个清单，包括当时能够查明的康熙时期26个年份的银库库存数据，可以在相当程度上弥补康熙时期银库库存没有黄册数据的缺憾；雍正元年至乾隆三十九年的数据，该清单一年不缺，可以补足这期间所有因四柱册缺失而空缺年份的银库库存数字。此件档案，曾全文公布在《历史档案》1984年第4期上，本书据之加以利用，并对当年发现此珍贵史料的吕坚先生表示感谢。

本书统计表的数字，凡属照录原册者（大进、大出表的分月数字与四柱册表的数字），银两数均计到小数点后第三位（"厘"），钱串数亦计到小数点后三位（"文"）。凡属根据原始数据进一步计算、统计的数字（大进、大出表内各年总数、出入盈亏表数字、银库历年结存银钱表数字），银数计到"两"，钱数计到"串"，以下四舍五入。

第三章
清代历朝的户部银库收入

第一节 京饷拨解与户部银库收入

清代户部银库收入，除少部分直接得自京师外，绝大部分依靠各省每年的解款即所谓"京饷"。京饷的来源，道光以前出自田赋（地丁）、杂税及关税、盐课四项；咸丰、同治以后，厘金和"洋税"（海关税）作为清王朝财政新的支柱税收，也被纳入京饷拨解范围。

清朝财政，实行全国一体、中央集权的管理体制。在这种体制下，"部臣掌出，藩臣掌入"，即虽然赋税由各省地方征收，但其支配权不在各省而在中央政府。各省每年征收的赋税，均由户部统一筹划，从中分别安排京师及各省的开支。从各省税入中派拨京饷，便是此种财政体制的产物，自清初至清末，从未改变。不过，在清前、后期，由于中央政权对各省的控制能力有所不同，其中央集权财政管理的运作方式和实现程度，包括京饷在内，是有很大变化的。清前、后期财政体制的变化，这里不拟全面讨论，仅就其与京饷拨解直接相关者，做一简要介绍。

清代前期，中央集权高度发展，以皇权为中心的中央政府对各省拥有绝对权威。在这种情况下，当时各省不管所征赋税多少，都只能存留例定的本省经费，此外的剩余，一律报部候拨，听从户部安排，或运解协饷（省际酌盈济虚，以有余补不足之拨款），或运解京饷。

清前期定制：各省所征税课，盐课和关税除小部分由地方征收机构作为经费留支外，其余"尽收尽解"，全部起运京师，入贮于户部银库。地丁钱粮及各项杂税由州县征收后，尽数起运至布政使司库即藩库存贮（州县存留小部分例应坐支经费）。征存藩库的钱粮，在清初，除紧急用款准各省一面动用，一面报部外，不急之款一律咨部请拨，经核准后方准动支。康熙三十七年（1698年），准各省办买豆草、供应行粮，以及驿站、工料、车价、官役俸工等经常费支出不必再逐案咨部拨银，可一面动用，一面报部；兵饷则仍咨部请拨。至雍正三年（1725年），形成冬估及春、秋拨制度，规定：各省一岁应需官兵俸饷，督抚于上年冬预为会计，造册咨部请拨，此谓"冬估"，亦称"冬拨"；至次年春、秋二季，各省再造具库存银两实数册咨部，户部据各省报册所开库存银数，于核准其动支上年冬估册所开各款外，以其余数分别指拨京、协各饷，是谓"春、秋拨"①。

冬估及春、秋拨制度的建立，进一步规范了各省钱粮的存留和报拨管理。此后，京饷于每年春秋二次拨款时向各省分别指拨派解，被纳入制度化轨道。各省奉到拨款部文，必须按规定期限如数解运到部。雍正四年（1726年）规定：部拨京饷，各省督抚"于拨解文书到日，即将司库道库现存帑银按期起解。长芦（直隶）、山东、山西、河南限文到六十日到部，江南、江西、浙江、湖广文到八十日到部，福建、广东、广西文到百日到部"②。户部指拨京饷的原则是：各省春秋二季册报实存银数，除"酌量存留本省，以备协济邻省兵饷，并别有所需请拨用外，其余银悉令解部"③。

以上制度，直至道光朝无大变化。然而自咸丰军兴以后，随着清王朝中央与各省权力格局发生重大变化，包括京饷制度在内的一系列财政管理制度很难再照原样执行，不得不实行适应新情况的变通措施。清前期高度中央集权的财政管理是以中央拥有对各省的绝对权威为前提的。只有在中央政府拥有足够权威的前提下，才能赋税由各省征收，而其使用却由中央

---

① 冬估及春、秋二季拨册，冬估册例限十月内到部，春、秋拨册限二、八月内到部。冬估册例定四本：督抚提镇标协官弁兵马应支俸饷册一本，各项实在存库银数册一本，额征地丁民赋册一本，额征杂税册一本。春、秋二季拨册各三本：奉文酌留封储备用银数册一本，征收各项钱粮旧管、新收、开除、实在四柱册一本，应留应拨细数册一本。
② 光绪《大清会典事例》卷169《户部·田赋·部拨京饷》。
③ 同上书。按雍正五年命各省建立财政准备金，实行所谓"司库封储"制度，以备紧急之需；八年，又在各省府、州库实行分储制度。于是每年各省报拨钱粮时，在常例存留之外，于已经动用过的封储银，也要留存补足，但这需要经过严格的审核批准程序；此外的余剩银两，仍然尽数拨解。

政府说了算，统一调配全国财政资源；也只有在这个前提下，作为全国财政资源统一调配中心的户部才有可能将各省存留以外的全部剩余作为京饷来提取。这个前提，自咸丰军兴，在很大程度上不复存在了。咸丰、同治时期，随着地方军阀势力在镇压以太平天国为主体的人民大起义过程中崛起并且在战后作为掌控各省大权的实力派地位的日渐巩固，清中央政府对各省的控制日趋弱化，各省在地方事务上的自主权不断扩张，从而形成了与清前期高度中央集权局面迥然有别的"外重内轻"的权力格局。与这一变化相联系，晚清时期清王朝原来的中央集权财政体制严重动摇，主要表现就是"财权下移"，各省的财政自主权逐渐形成并且不断扩张。在上述背景下，尽管清前期为保证中央集权而制定的一系列财务制度，如各省钱粮报拨制度，京、协饷制度，奏销制度等，在表面上依然实行，但其实际大多已经面目全非，有其名而无其实了。

京饷制度，自咸丰中起，就因受战争影响无法照旧执行，而不得不在拨款方式上进行了改变。咸丰军兴以后，随着空前规模的战火迅速蔓延，一方面各被兵地方的赋税收入大为减少，另一方面各省以供应军需为第一要务，大部分收入为直接、间接的巨额军需所吞噬，库藏空虚，自顾不暇，纷纷奏留甚至直接截留奉拨应解款项，致使户部不但根本无法再为各省军需拨款，充任全国财政资源调度中心的角色，而且连维持京师自身经常费用支出的京饷也难于保证，陷入了一场严重的财政危机。在这种情况下，户部在放任各省自筹饷需的同时，从咸丰六年（1856年）起，将以往根据各省所报拨册提取全部剩余的京饷拨款方式改为定额摊派，即由户部于每年冬预先分别派定各省下一年度应解京饷数额，奏准以后咨行各省，令其于次年开印起，分批解京供用①。摊派京饷的全国总数，最初每年400万两，咸丰十年增为500万两，次年再增为700万两。从同治六年（1867年）起，于"原拨京饷"700万两之外，每年再增拨100万两，称为"续拨京饷"。此后直至清末，户部每年向各省及海关摊派总计800万两的原、续拨京饷，成为常例。

改变京饷拨款方式最初只是战争期间应对无法正常拨款的变通措施。但在战后，由于中央与各省的权力格局发生变化，户部已经再不可能要求

---

① 按照规定，各省及海关、盐政奉拨京饷应于每年五月前解到一半，至十二月初全数解清。

各省实报收入，甚至连各省收入的真实底细也日渐隔膜了，在这种情况下，当然也就只能继续维持新的拨款方式而不能恢复旧有制度了。

向各省摊派的不仅仅有常规京饷。自同治以后，清中央政府的财用同各省一样与过去大不相同，远非以往的经制项目所能范围。此时期，凡有新增支出，需另外筹款，户部也大多采取设置专项经费，分别向各省摊派的方式。晚清时期向各省及海关长年摊派解部的专项经费主要有：

（1）固本京饷。原称"固本兵饷"，自同治二年（1863年）起，每年向各省、关指拨66万两，解交直隶藩库，供支新军四镇及神机四营饷项。同治五年八月，总理各国事务衙门奏请变通练兵章程，拟建马步六军，经户部奏准，全款解交部库，称"固本京饷"。

（2）北边防经费。光绪六年（1880年）中俄伊犁交涉，为在东北防御沙俄，自当年起，每年指拨各省、关东北边防经费200万两，解交部库供用。

（3）抵闽京饷与加放俸饷。同治十三年（1874年）为筹办台湾防务，清政府向汇丰银行借款200万两，本息于闽海关每年应解20万两京饷内支付，而闽海关之京饷缺额，则改由各省、关分摊解京，称为"抵闽京饷"。光绪十一年（1885年）底决定将咸丰军兴以后减成发放的京官俸饷改发全俸，此款自次年起改称"加放俸饷"解部。当时派解的加放俸饷年总额120万两，除移解抵闽京饷外，另100万两由各省、关原摊左宗棠西征借款本息移解，称"西征洋款改为加放俸饷"。光绪二十八年，加放俸饷改作偿付庚子赔款之用，不再解部。

（4）京官津贴与加复俸饷。从光绪九年起，每年从各省洋药厘金中指拨"京官津贴"26万两，供四品以下京官发放津贴之用。十二年京官恢复全俸后，原款改称"加复俸饷"，仍按年解部（洋药厘金由海关征收后，此款由海关解送）。光绪二十八年，此款亦改为偿付庚子赔款之用。

（5）备荒经费。光绪九年起为筹办荒年赈务而设，定额12万两。

（6）旗营加饷。光绪十一年起向各省及漕运总督指拨，总额133万两，充加练京师旗兵饷费。

（7）筹备饷需。光绪十一年，以节省西征军饷200万两移充"近畿防饷"。次年，筹办沿海边防，改近畿防饷为"筹边军饷"。光绪十八年以后，更名为"筹备饷需"解部。

（8）海防经费。自光绪元年始，清政府以筹办海防名义，每年向各省、关指拨专款400万两，分别于江海、浙海、粤海、闽海、津海五关关税及各省厘金内分摊。三年起，令此款分别解运南、北洋大臣各200万两。十一年设立海军衙门后，令统解该衙门。二十一年，海军衙门撤销，原额经费改解部库。

（9）铁路经费。光绪十五年为筹筑芦汉铁路所设，年额200万两，其中部库筹给120万两，各省分摊80万两，令按年解部。此款，两年后移用于修筑关东铁路。①

以支出名目派解的专项经费之外，晚清银库收入中还有一些以收入定名的解部专款，如四成洋税银、洋药厘金、土药税厘、新海防捐项银等。其中，四成洋税银来自海关税收。第二次鸦片战争后，根据《北京条约》，清政府以通商各口海关税的四成收入偿付对英、法两国的赔款。同治五年（1866年）赔款偿清后，仍将此四成关税提解部库，归中央政府支配。洋药厘金和土药税厘银均为来自鸦片的税收。早在咸丰时，东南沿海各省为筹措镇压太平天国军饷，已开始对鸦片抽厘征税。第二次鸦片战争后鸦片贸易合法化，海关对进口鸦片开征洋药税，运入内地则厘卡另外抽厘。光绪十一年（1885年），中英签订《烟台条约续增专条》，规定洋药厘金一并在海关征收，每百斤箱除完正税30两外，"并纳厘金不过八十两"②。此后，洋药厘金便由海关征解部库。自对进口鸦片征税，土药税及土药厘金也在全国普遍开征。光绪十六年，经户部与总理衙门奏准，土药税、厘合并，于各省设局征收，专款解部。新海防捐项银为光绪十五年因海军衙门筹办海防需款紧要，同时户部亦正因垫款无着筹议新捐（其时郑工捐输已届期满），从而开办的捐例收入。此次捐例，因要区别于光绪十年中法战争时开办的海防事例，故称"新海防事例"。

---

① 以上关于各专项经费的叙述系根据中国第一历史档案馆藏同、光两朝各省及海关报告起解钱粮的朱批奏折。此类奏折除报告所解款项的名称、数目外，有时也引述部咨或谕旨原案，对该专项经费设立的缘由、时间做出说明。汤象龙《中国近代海关税收和分配统计》的绪论对这些经费的情况亦有说明。又本处开列的仅为解交部库的专项经费。还有些中央专项经费，如出使经费（光绪二年设，出自海关六成洋税提成，光绪六年后每年约计100余万两，专款解交江海关道）、内务府经费（同治五年设，最初每年30万两，后经同治七年、光绪二十年两次添拨，增为110万两，解交内务府）等，因不解部库，未加开列。

② 王铁崖《中外旧约章汇编》第一册，第472页。

以上中央专项经费或解部专款,在光绪时期的银库黄册中,多以单独会计项目记账,另列收支。

以定额摊派取代提解各省全部余款,户部这一拨款方式的改变既是晚清时期各省独立性增强、中央财权动摇的反映,也与其时各省财政收支的特点有关。清前期,虽然也是各省经征国家税收,但税源及征数均比较稳定,支出方面量入为出,经常费开支亦相对稳定。这种收、支均有常经,不轻易变化的财政,使清政府对各省的收入和支出均较易做到有效掌控,并在此基础上实行冬估及春、秋拨款制度,统一安排全国的财用。而在晚清时期,自咸丰军兴允许各省自筹经费起,伴随着地方财政自主权的扩张,各省无论收入还是支出,都出现了大量的非中央政府所能控制,并且也不得其详的非经制项目。中央对各省的收支状况愈来愈不摸底,自然也就失去了要求各省报拨全部余款的基础。改行定额摊派,就是面对这种新情况,中央政府为获得必要的经费来源而不得不采取的现实变通措施。新的拨款方式意味着对各省既得财政利益的承认,即只要各省解送所摊派的京饷及各中央专项经费,对其实际收支,中央政府便不再过问。

然而这种不管各省实际收支如何,只依中央需要向各省摊派的拨款方式也有问题,即其实现程度要看各省是否有款可解及是否愿解。晚清时期的京饷及各中央专项经费的拨解过程充满了中央政府与各省之间的讨价还价。在中央政府一方,户部于拨款及催解时总是一再强调所拨款项的重要性及部库的艰难,要求各省顾全大局,"无论何款"、"设法腾挪",赶紧按数筹解;而在各省一方,则不是置之不理,就是以各种理由推诿、搪塞,于奏报中喋喋申说本省财政如何困难,如何入款短缺,而支出却必不可少,等等。讨价还价的结果,往往是各省在户部一再"奏咨叠催"之下,"挪东补西"、"筹解"若干数目到部,而有了钱用的户部,对于各省的延宕、拖欠行为以及实解数目与奉拨数目之间的差额,也就不再追究,不了了之,再无下文。至下一年,户部拨款仍旧,奏咨行催仍旧,各省也延宕、拖欠仍旧,又进入新一轮的讨价还价,这在晚清,几成例行公事。

各省拖欠京饷及其他中央经费的现象以咸丰至同治初年最为严重。例如,京饷,自从咸丰军兴,就极少能按年依限解足。同治二年(1863年)十一月上谕有云:"历年京饷,向系预拨各省地丁、盐课、关税、杂款,以备次年开放之用。咸丰十一年以后,每年均拨七百万两。……惟山西年清年款，他省多不能依限报解，且有逾限不解者。……前经户部于八月间奏提本年京饷，复经奏咨叠催，各该省报解仍属寥寥①"。平定太平天国起义及西北用兵结束之后，到光绪初年，情况有所缓解，虽然从未能完全解决。然而到甲午特别是庚子以后，随着巨额战争赔款及外债纷至沓来，清政府失去了几乎全部关税和大部分盐税的支配权，用款却有增无减，在这种情况下对各省的派拨解款，已不再顾及是否确有"的款"可拨，完全演变成为纯粹的财政摊派，于是不但各省延解、短解甚至不解中央派款的现象再次凸现出来，愈演愈烈，而且终于导致中央与各省均陷入空前的财政危机。这种财政危局，是光绪末年不得不实行财政清理并试图对传统财政体制进行改革的动因之一。而这时，距离清王朝的覆亡已经为时不远了。

第二节 康熙至道光时期的银库收入

本时期的银库收入，有数字的年份共计92年②。其中，除康熙朝仅四十四年有数字外，其他各朝均一半以上的年份有统计数字，如表3-1所示。雍正、乾隆、嘉庆、道光四朝合计，总共128年中，91年有统计数字，占总年数的2/3强。因此，这一时期可供分析的数据还是比较充分的。

表3-1 雍正至道光朝有银库大进数字的年数及其占各朝总年数的比重

朝　代	总 年 数	有大进数字的年数及其占总年数的比重	
		年　数	%
雍正朝	13	10	76.9
乾隆朝	60	41	68.3
嘉庆朝	25	17	68.0
道光朝	30	23	76.7
合　计	128	91	71.1

---

① 《清穆宗实录》卷85。
② 雍正、乾隆朝数字分别据本书附表3、附表6和附表7、附表10统计，包括根据乾隆四十年银库库存清单数字及大出册数字推算出的年份在内；大进册残缺，因而数字不完整的年份未计入。嘉庆、道光朝数字据本书附表11和附表14计算，数字不完整的年份未计入。

有统计数据年份的银库收入银数,以200万两级差分级,各朝的收入水平如表3-2所示;五朝合计的各级收入年数分布,如图3-1所示。雍正至道光四朝的银库收入变化趋势,分别如图3-2、图3-3所示①。

表3-2 康熙至道光朝银库收入水平分级统计

收入水平 (万两)	康熙朝		雍正朝		乾隆朝		嘉庆朝		道光朝		合计	
	年数	%	年数	%	年数	%	年数	%	年数	%	年数	%
600以下							1	5.9			1	1.1
601~800					1	2.4	2	11.8	7	30.4	10	10.9
801~1000	1	100	2	20.0	8	19.5	5	29.4	9	39.1	25	27.2
1001~1200			2	20.0	13	31.7	2	11.8	4	17.4	21	22.8
1201~1400					5	12.2	5	29.4			10	10.9
1401~1600			1	10.0	8	19.5	1	5.9	2	8.7	12	13.0
1601~1800			4	40.0	4	9.8	1	5.9			9	9.8
1801~2000			1	10.0	2	4.9					3	3.3
2001以上									1	4.4	1	1.1
总 计	1	100	10	100	41	100	17	100	23	100	92	100

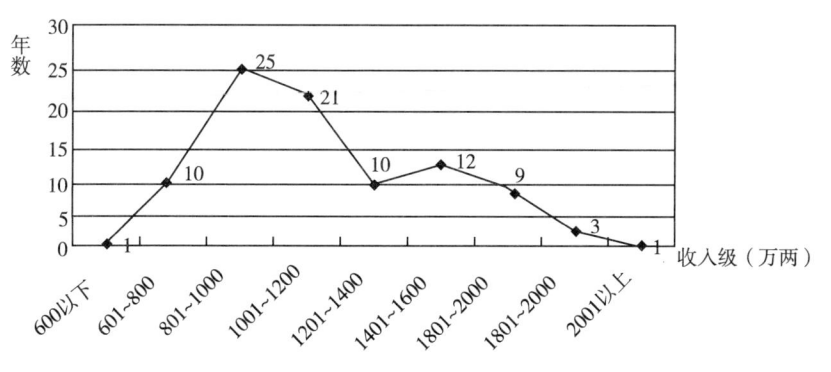

图3-1 清前期银库各级收入的年数分布

---

① 为方便作图,图3-2和图3-3对缺失年份的数据,均以其前后两个年份数字的平均值补入;虽有数据,但数据不完整(整月缺失),又无四柱册数据可以代替者,作无数据年份处理,以其前后两个年份数字的平均值补入。

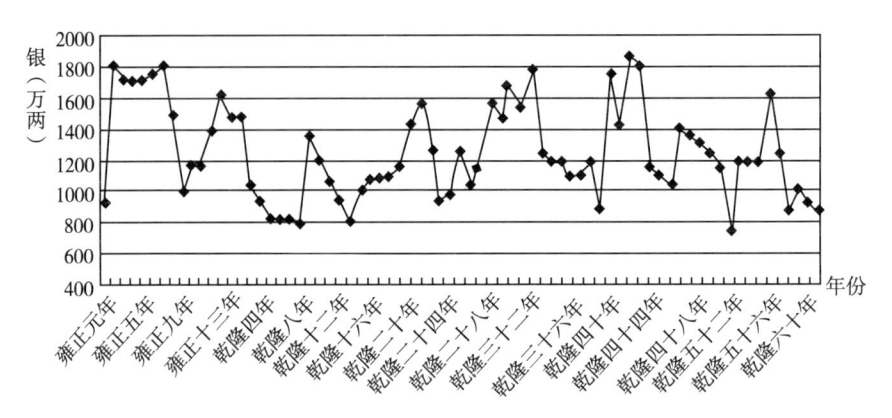

图 3-2 雍正、乾隆时期银库收入变化

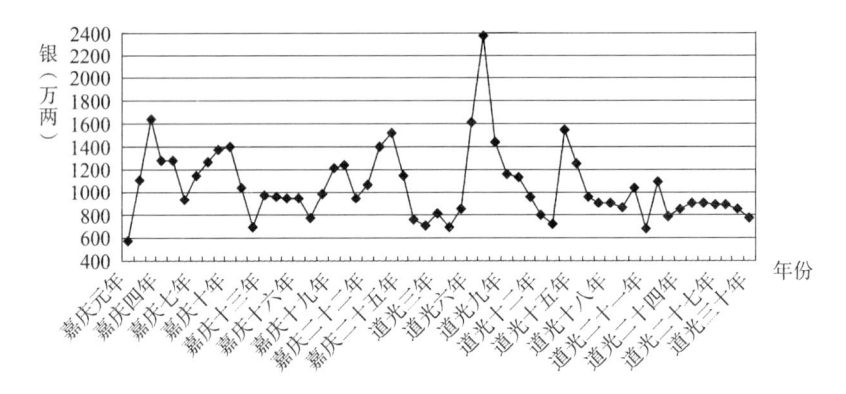

图 3-3 嘉庆、道光时期银库收入变化

表 3-2 中，低于 600 万两的仅嘉庆元年（1796 年）一个年份，高于 2000 万两的也仅道光七年（1827 年）一个年份。嘉庆元年的银库收入为 573 万两，仅约为嘉庆朝银库收入年均水平（1105 万两）的一半。该年如此之低的收入数，当与乾隆末年以来多起有规模的起义，特别是与当年爆发的白莲教大起义有关。清朝自乾隆末起，进入多事之秋，水旱频扰，社会动荡，乾隆五十九年浙闽沿海发生蔡牵起义，六十年湘黔发生石柳邓苗民起义。至嘉庆元年，西南苗疆战事尚在激烈进行，白莲教起义又在湖北荆州、襄阳地区爆发；与此同时，四川达州的徐天德、东乡的王三槐、冷天禄等也都起而响应。这些起义虽然都不是发生在清王朝统治的核心地区，但波及范围广，对所波及各省税入的影响仍不能低估。同时大军进剿，处

处需款，波及省份及邻近省份的军饷协拨也因而增加，这自然会直接影响部库的京饷解款。观察一下乾隆末年以来户部银库收支及库存变化的趋势，当时的社会动乱与银库收入下降的因果关系就会得到验证。乾隆末，从五十九年开始，银库收入便一路下滑：乾隆五十八年为1011万两，五十九年为918万两，六十年为867万两，至嘉庆元年更降至不足600万两的低水平。而支出则呈上升趋势：乾隆五十八年为972万两，五十九年为1267万两，六十年为1075万两，嘉庆元年为1854万两。出入相抵，乾隆五十八年盈余39万两，五十九年亏349万两，六十年亏208万两，嘉庆元年亏1280万两。再从库存看：乾隆五十九年为7147万两，六十年为6939万两，嘉庆元年为5658万两，也是下降趋势，而且幅度不小，仅两年时间就减少了1489万两。乾、嘉之际的银库收支及库存变化后文还要分析，这里只指出：将乾隆五十九年以后几年间银库数据的变化联系起来，嘉庆元年的银库低收入水平与当时清王朝在湘黔、川楚等地的用兵，无疑是有十分密切的关系的。

道光七年的畸高收入有些奇怪。这年的收入数2380万两创下了清前期银库年入款的最高纪录，比道光五年的851万两多1529万两（道光六年无收入数据），比道光八年的1442万两多938万两，在前后年份中显得十分突兀；与道光朝银库990万两的平均年收入相比，是年的收入水平几乎高出1.5倍。在清前期各省收支均有常经的情况下，京饷解款一下子比常年多出一倍以上，几乎是不可能的，除非这年因特别需款而开辟有新的财源。考之其时史事，道光六年八月，因遭逢水灾，高堰冲决，淤塞运河，堵筑挑濬诸事所费不赀，又适逢西北发生张格尔叛乱，回疆不靖，平叛需款，经太仆寺少卿梁中靖奏请，户部复准，清廷决定自道光七年正月开印起，开办名为"酌增常例"的特别捐例①。此次事例，全部收入多少不知，但到开办当年的七月止，仅头二卯就共计收银750余万两。因收捐踊跃，经户部奏准，又再接展三月②。如果道光七年的酌增例收捐总数超过1000万两，那么当年银库的高收入也不是不可能。不过，是否如此，或者还另有其他原因，仍有待进一步探究。

---

① 见道光七年刊《酌增常例·原奏》。
② 《酌增常例·二卯条款·户部奏议》。按是项捐例，至八年二月后又续期半年。

嘉庆元年和道光七年的银库收入均为特例，不代表清前期的一般水平。表3-2和图3-1都显示（并参看图3-2、图3-3）：清前期康、雍、乾、嘉、道五朝有银库收入数据的92年中，有46年的收入处在以1000万两为中心，上下各200万两的区间之内；再往上、往下，则年数都呈递减趋势，不过，高于1200万两的年数多于不足800万两的年数。92年总平均，为1171万两。这个数字，应该能够反映清前期银库年收入的一般水平。

进一步观察还可发现：清前期各朝的银库收入水平并不完全一样，总体上以雍正朝为最高，雍正以后大体呈逐朝下降趋势。雍正朝的10个统计年份中，以1601万~1800万两这一级年数最多，共计4年；加上收入在1401万~1600万两的一年、超过1800万两的1年，合共6年，占总年数的60%；收入较少的4年中，1001万~1200万两级和801万~1000万两级各有2年，都在清前期银库一般年收入水平的波动范围之内。乾隆朝以1001万~1200万两级年数最多，共13年，占总年数的近1/3。其他年数较多的分别为801万~1000万两级和1401万~1600万两级，各有8年。乾隆朝银库收入处在清前期一般水平范围之内（801万~1200万两）的年数合共21年，占总年数的比例为51.2%，高于雍正朝（40%），而1200万两以上高收入水平的年数比例则低于雍正朝，显然，前者的总体收入水平不如后者。嘉庆朝总统计年数为17年，而低于1200万两收入的年数有10年，占58.8%；高于1200万两的7年中，有5年在1201万~1400万两级，占总年数的29.4%；其余2年仅依次各递增一级，较之乾隆朝，收入水平又明显降低了。道光朝更等而下之：23个统计年份中，低于1200万两的共计20年，占87.0%；其内，7年在601万~800万两级，9年在801万~1000万两级，仅有4年在1001万~1200万两级。3个收入水平较高的年份中，除道光七年数畸高外，其余2年仅处在1401万~1600万两级。各朝的平均收入数，雍正朝约为1436万两，乾隆朝约为1242万两，嘉庆朝约为1105万两，道光朝约为990万两，其高低排列顺序与上面的分析是一致的。至于康熙朝的银库收入，因为只有康熙四十四年一年的数字，难以做出该朝平均水平的判断。但这一年的910万两收入，参据康熙朝经济及赋税征收恢复发展过程的整体情况，应该是比较接近全朝的平均水平的；至少，也应该相当于康熙中期以后的平均水平。

清前期银库每年约计千余万两的收入占当时全国财政总收入的多大比

重？下面分朝做些考察。

康熙朝 本时期，以康熙二十年（1681 年）平定三藩、二十二年台湾郑氏降清为标志，清王朝终于确立了对全国的稳固统治，开始步入康-乾全盛时代。康熙中后期，曾在明末清初战乱中遭受严重破坏的社会经济已经大体恢复并有所发展，呈现出初步的繁荣。不过，由于当时国家各项财政制度、税收制度尚不完善，正处在调整、建设的过程中，更由于康熙帝自亲政以来为休养生息，政尚宽大，其时清王朝的岁入虽较之清初已经大为增加，但各项税收多仍不及明代原额。康熙中期以后的各项税收，民田赋银约为 2500 万两，丁银约 300 万两，加上屯田赋银，出自土地、人丁的税收总数大概在 2900 万两[1]；盐、关收入：盐课应不少于 300 万两，关税 100 多万两[2]；杂税收入[3]：乾隆时各项杂课税年入 100 余万两，康熙时年入几十万两是没有问题的。此外如捐纳收入：康熙朝自平定三藩时开捐助饷，大小各捐不下 30 次[4]，其平均年收捐银数，参照以后各朝常捐收入，保守估计亦应有 100 万～200 万两。上述各项入款合计，康熙中后期的全国岁入总数，不计实物部分，大约在 3500 万两。如果康熙四十四年 910 万两的银库收入代表了康熙朝的一般水平，那么当时银库的年收入约占全国财政总收入的 26%。

雍正朝 雍正初民田赋收入 2636 万两，丁银收入 300 余万两，屯田赋 43 万余两（以上均雍正二年数），盐课 443 万两，关税 135 万两（以上为雍正三年数），加上杂税至少数十万两、常捐收入至少 200 万两，全国岁入总数在 3800 万两以上。雍正朝银库年均收入 1436 万两，约占全国岁入的

---

[1] 康熙二十四年全国民田赋银收数为 2445 万两，雍正二年为 2636 万两，因此康熙中后期的民田赋银收数，应不低于 2500 万两。屯田赋银，雍正二年为 43 万余两，康熙中后期亦应有数十万两。丁银收数，顺治十八年已达 300 万两；康熙二十四年为 314 万两；康熙五十一年规定丁银征收以五十年丁册为额，"盛世滋生人丁永不加赋"，其五十年丁银征数，为 335 万余两。以上数字，参见雍正《大清会典》及《清朝文献通考》。

[2] 顺治九年收入盐课银 212 万两，康熙二十一年收 276 万两，考虑到康熙中后期人口的增加，300 万两应是比较保守的估计。关税在清初还不甚重要，顺治九年为 100 万两，康熙二十四年为 120 万两，到雍正三年也不过 135 万两，见周伯棣《中国财政史》，上海人民出版社 1981 年版，第 436 页。

[3] 清代杂税包罗甚广，凡茶、芦、渔、矿等"课"，契、牙、当、落地等"税"，以及旗地租、官田租、学田租、官房地租等各种"租"，统称之为"杂税"或者"杂赋"。

[4] 参见许大龄《清代捐纳制度》，（台湾）文海出版社 1984 年版，第 26～29 页"康熙捐例表"。

37.8%。考虑到这里用于计算全国总数的各项岁入均为雍正初年数字,该朝的平均数可能高于雍正初,当时银库收入占全国总收入的实际比重,可能比上面计算的要稍低一些,但无论如何,占全国总收入的 1/3 以上是没有问题的①。

乾隆朝 据《清史稿》,乾隆三十一年(1866年)收入田赋地丁银 2991 万余两,耗羡银 300 余万两,盐课银 574 万余两,关税银 540 万余两,各项杂税银共计 149 万余两,常捐银 300 余万两②。各数相加,总计为 4854 万余两。但这里计入的项目还不完全,如《清史稿》于记载上述各数后声明:"外销之生息、摊捐诸款不与。"此外如屯田赋银,亦未计入。据《清朝文献通考》,是年屯田赋银收数为 78 万余两③。把这些通通考虑进去,乾隆中全国总岁入约在 5000 万两(不包括实物部分)。乾隆朝银库平均年收入 1242 万两,约占 5000 万两全国总收入的 24.8%。

嘉庆朝 综合多种资料,嘉庆时期田赋额征 3023 万两(嘉庆二十五年),盐课 637 万两(嘉庆十七年),关税 481 万两(嘉庆十七年);此外,耗羡银约计 400 万两,杂税银 100 余万两,常捐约 300 万两,诸项合计,总数为 5000 万两上下,大致与乾隆朝持平。不过,上述各数中,田赋为额征数,而实征通常要少一些(每年都有蠲、缓),故嘉庆朝一般年份的岁入数,估计应在 4700 万~4800 万两。依此估计,嘉庆朝 1105 万两的银库岁入,约占全国财政总收入的 23.3%(全国总收入按 4750 万两计)。

道光朝 本时期,据道光三十年(1850年)户部奏:此前十余年间,"岁额所入,除豁免、缓征、积欠等项,前后牵算,每岁不过实入四千万上下",较额征少四五百万两④。按此为道光后期,清王朝财政已走上下坡路,正处在十分困难时期的情况;同时户部这里所说的"岁额所入",大概仅指

---

① 雍正朝银库收入占全国总收入的比重,即便按全国总收入 4000 万两算,也高达 35.9%。
② 见《清史稿》卷 125《食货六》,中华书局标点本,第 3703 页。按《清史稿》是年各数均出自《清朝文献通考》,唯略去万以下数。又魏源《圣武记(附录)》卷 11《武事余记·兵制兵饷》亦载有上述各数,但未注明年份,且个别数字有误(如地丁数即误作 2941 万两)。
③ 《清朝文献通考》卷 10《田赋考十》。按本年另收屯赋粮 109 万余石及草束若干。
④ 见《中国近代货币史资料》第一辑上册附录军机处档案,中华书局 1964 年版,第 170 页。又王庆云《石渠余纪》卷 3《直省岁入总数表》、《直省出入岁余表》及北京图书馆藏翁同龢家藏《道光十八年至二十八年岁入岁出册》抄本,均记载有道光后期的岁入数字,可以参看。

地丁、杂税并盐、关等主要项目，其他耗羡、常捐等，并未计算在内①。考虑到这些因素，道光朝的常年岁入，仍应按4500万两计较为合适。其时银库岁入银的平均数为990万两，占全国总岁入的22%。

以上讨论结果，如表3-3所示。

表3-3 清前期各朝银库岁入占全国财政总收入的比重

朝　代	全国总收入（万两）	银库岁入（万两）	银库岁入所占比重（%）
康熙朝	3500	910	26.0
雍正朝	3800	1436	37.8
乾隆朝	5000	1242	24.8
嘉庆朝	4750	1105	23.3
道光朝	4500	990	22.0

从表3-3可看出，清前期银库收入占全国财政总收入的比重，以雍正朝为最高，达到1/3以上；康熙、乾隆、嘉庆、道光各朝依次递降，从1/4强下降到接近1/5。雍正朝银库收入占全国财政总收入的高比重与两个因素相联系：一是当时的财政总收入水平还比较低；二是银库岁入数额大，而后一个因素，与其时中央财政的扩张和雍正帝个人的施政风格都有关系。雍正时期的全国财政收入，尽管经过一系列的税制整顿和改革，如完善田赋征收方法、摊丁入地、耗羡归公、增加盐课关税等，已经比康熙朝有了很大增加，但仍远远没有达到后来乾隆全盛时期那样税收充裕的程度。按上文估计，雍正时全国岁入总计仅约银3800万两，高估也不过4000万两之谱，比之乾隆朝的5000万两至少低1000万两。然而在中央政府支出方面，虽无具体数字资料可考，但从康熙到乾隆，中央岁出是逐渐增加的，当无疑义。例如京官俸禄，雍正时（六年）便比康熙朝增加一倍，后来还酌给养廉银。雍正时期西北用兵、西南各地改土归流、直隶兴办营田水利以及整治江浙海塘等，均费用浩繁，虽其大部分用款系拨自各省而不直接由部库支出，但中央财政亦会因此种种而增加开支，从而引致各省拨解部库京饷的增多，自无问题。雍正帝本人为政严苛，办事峻急，一丝不苟。雍正时期，社会经济已经恢复，国力增强。雍正帝面对其父晚年施政疏阔，诸

---

① 参见王庆云《石渠余纪》卷3《直省岁入总数表》。

事废弛，官吏贪污成风，库帑亏空严重的现实，一方面大力整顿吏治，严查亏空，限期填补，另一方面对国家财政进行全面整顿和改革，加强中央集权，完善财务管理，严格各省钱粮的报拨和解款制度，严核奏销，等等。经过此一番雷厉风行的整顿和改革，清王朝财政的面貌终于发生大的变化，反映到中央财政上，就是户部银库库存大为增加，空前充裕，每年入款的数额，亦达到清前期的最高水平。雍正时部库入款占全国财政总收入的高比重，就是上述背景下各种因素相互作用的综合结果。

康熙朝银库的收入虽数额不大，但占全国财政总收入的比重却仅次于雍正时期，则主要是因为当时的全国岁入规模太小。不过，从其在全国岁入规模远低于以后各朝的基础上，仍能以低于雍正朝近十二个百分点而仅略高于乾、嘉、道各朝的银库收入比重来维持中央财政运转这一点看，康熙时期的中央财政，在支出方面是相当有节制的。这是当时皇帝躬亲节俭、反对奢华、不事铺张的作风在国家行政运作上的反映，此点，不但康熙帝自己多次申说，清史上也有定评，不再多论。

乾隆朝的银库收入比重比雍正朝大幅下降，一方面是由于其时国家已进入鼎盛时代，财政收入大为增加；另一方面，也由于乾隆时期的京饷规模，较之雍正时有所缩小。乾隆时，尽管铺张奢侈之风已起，皇帝巡幸、寿典、对内对外用兵（所谓"十全武功"）、河工、赈恤等，用帑之多远过前代，但就中央政府的常例支出而言，在传统体制下的扩张毕竟有限（所谓"出有常经"）。雍正时期增加京饷拨解，也并不全是为了应付中央政府的各项常例支出，而更多是为了加强中央集权，充实国家库藏。雍正初户部银库存银仅3000多万两，到雍正七年就迅速增加到6000万两以上，即为明证。乾隆皇帝即位以后，在许多方面改变了雍正帝严苛峻急的作风，处处仿效乃祖，为政尚宽，聚敛稍缓，是以中央财政的支出规模虽继续有扩大，而部库平均年入反不及雍正时期。一方面全国岁入总量增大，另一方面部库收入规模缩小，其占总岁入的比重自然就大幅降低了。

嘉、道时期银库收入比重的进一步降低与当时国家的财政困难有关。其时清王朝已步入多事之秋，各种社会矛盾日益暴露、激化，天灾人祸不断，正常的税收难以保证，意外开支却有增无已，是以国库积存日渐空虚，财政艰窘。这两朝，全国总收入的规模一再缩小，至道光最后十几年已差不多重新回到雍正时期的水平。在这种情况下银库收入在其中的比重进一步降低，只能意味着中央财政的空前拮据。上引道光三十年户部奏中是这样描述其时的财政困难的："入款有减无增，出款有增无减，是以各省封存正杂等项渐至通融抵垫，而解部之款日少一日。……虽经叠次恩发内帑银一千余万两，王大臣议减京外各营马乾、红白赏恤、杂项、减平等款共节省银一千余万两，臣部先后催完积欠银一千七百余万两，又因南粮缺额，京仓支放等款分成改折，而入不敷出，为数尚巨。"[①] 此折，已将道光朝最后十几年间财政窘迫的情形说得很清楚了。

清前期银库的收入除银外，还有制钱。制钱来源，大部分为户部宝泉局所铸，小部分为工部宝源局交进。制钱主要用于搭放兵饷及某些例应支钱项目，如乾隆三十年奏销的部库年例应放各款中，就有"京官公费饭食钱"、"内务府备用钱"、"孤贫口粮钱"等以钱文支出的项目[②]。清前期银库制钱收放规模，大体上，康、雍时期每年进、出各数十万串，乾隆以后增加到每年各百余万串。

第三节　咸丰、同治时期的银库收入

咸丰、同治两朝是清代财政史研究中数字资料十分缺乏的一个时期。由于长时间的战乱，不仅清王朝原来一套堪称严密的钱粮奏报和统计制度遭受破坏，从咸丰至同治初，十余年间几无各省奏销，而且大量原始簿册档案毁坏散失，使后人即便想从最原始的档案数据入手，重新勾勒、拼凑出当时国家财政的基本面貌，也已几乎没有可能。现今留存的咸、同时期财政数据，多为片断、孤立的个别零散数字，有些还只是当时人或后来人的一种估计而非真有实在凭据；其中，也不乏相互矛盾、龃龉冲突之处。所幸的是，这两朝的户部银库数据，特别是咸丰时期的银库数据，还大体成系统地保存了下来，使我们对其时中央政府的收支及库存，尚能够了解一个大概。两朝银库的大进银、钱数字，分别如表3-4、表3-5所示。

---

① 见《中国近代货币史资料》第一辑上册附录军机处档案，中华书局1964年版，第171页。
② 见王庆云《石渠余纪》卷3《直省地丁表》附"通考京师用额"。

表 3-4 咸丰朝银库历年大进银、钱统计

年 份	银（万两）	钱（万串）				
^	^	制钱	京票钱	宝钞	尾零对条钱	钱数合计
咸丰元年	764	125	—	—	—	125
咸丰二年	836	143①	—	—	—	143①
咸丰三年	444	120	—	—	—	120
咸丰四年	500	305	785	—	—	1090
咸丰五年	307	190	779	409	—	1378
咸丰六年	267	81	788	728②	0.02	1597
咸丰九年	446	97	1913	213	0.04	2223
咸丰十年	543	37	432	332	0.06	801③
咸丰十一年	668	30	41	16	0.02	87
平　均	531	125	790④	340⑤	0.035⑥	840

注：①彭泽益《咸丰朝银库收支剖析》一文中"户部银库收支及盈亏情况表"将本年大进钱数记作 84 万串（见《十九世纪后半期的中国财政与经济》，人民出版社 1983 年版，第 74 页），与原册分月数加总后的结果不合，误。
②本年宝钞收数四柱册记为 4405082 串，按大进册分月合计则为 7282490 串，本表按大进册。彭泽益先生计算本年钱数，宝钞是按四柱册数计算的，故总钱数为 1310 万串（见彭泽益《咸丰朝银库收支剖析》一文中"户部银库收支及盈亏情况表"）。
③本年大进册所记各月钱总数多有与月内细数相加不符者，本表按原记月总合计年总数。彭泽益《咸丰朝银库收支剖析》一文中"户部银库收支及盈亏情况表"记本年钱总数为 794 万串。
④咸丰四年至十一年平均。
⑤咸丰五年至十一年平均。
⑥咸丰六年至十一年平均。

表 3-5 同治朝银库历年大进银、钱统计

年　份	银（两）	钱（串）
同治四年	8495356	186292
同治五年	8579764	139299
同治六年	12348311	148869
平　均	9807810	158153

从表 3-4 可看出，咸丰朝的头三年，银库收入还是传统的银和制钱两项，而自四年起，除原来的制钱外，又先后有"京票钱"、"宝钞钱"、"尾

零对条钱"等同属"钱"的入项增出。这种情况，与当时清政府在面临巨大财政困难的特殊时期所采行的货币政策及措施有关。清代户部银库自从道光后期以来，即已陷入库存持续减少，每年支项全靠外省解款勉强维持，经常入不敷出的窘迫局面。咸丰军兴以后，外省钱粮为军需所耗，对京师解款大量减少。最初一两年间，户部还能依靠各省不多的解款以及银库旧年积存勉力支撑，但到三年初，随着太平军攻陷南京，战争规模扩大，就再也无法坚持下去，陷入了一场空前的财政危机。是年六月，户部奏称："现在户部银库，截至本月十二日，正项待支银仅存二十二万七千余两。七月份应发兵饷，尚多不敷。"① 拮据的财政，迫使清政府于当年做出了铸造大钱和发行官票、宝钞的决定。

所谓大钱，即以制钱的"文"为单位、大面值的铜钱。当时所铸，有当五、当十、当五十、当百、当五百、当千等多种②，但当千至当五十的大钱，一二年内便先后停铸③，仅当十钱保留下来，主要在京师流通，直至光绪末推行铜元时才最终停铸。铜大钱之外，咸丰四年还先后铸造过铁大钱、铅大钱及铅制钱，亦为其时大钱政策的产物。

官票、宝钞的正式名称分别为"户部官票"和"大清宝钞"，均为纸货币。前者于咸丰三年二月发行，以银两为单位，因又称"银票"，面值有一两、三两、五两、十两、五十两 5 种；后者于该年九月发行，以钱文为单位，故又称"钱票"，面值有五百文、一千文、一千五百文、二千文、五千文、十千文、五十千文、一百千文 8 种。按照发行时的官方规定，官票每两作制钱二千，宝钞二千作银一两，皆视同现银、现钱，不仅官款出入以之搭放、搭收，亦可在官银钱铺有条件兑现。

为推行票钞，咸丰三、四年间，在京城先后设立了多所官银钱号④，以

---

① 咸丰三年六月十六日管理户部事务祁寯藻等奏，载《中国近代货币史资料》第一辑上册，中华书局1964年版，第175~177页。
② 按照户部当年三月十八日议准的章程，最初决定铸造的大钱品种只有当十、当五十两种，其中当十钱于五月开铸，当五十钱于八月开铸；至十一月，才又定开铸当百、当五百、当千大钱，同时决定将当十、当五十大钱减重铸造并添铸当五钱。见《中国近代货币史资料》第一辑上册，中华书局1964年版，第203~208页。
③ 当千、当五百大钱于咸丰四年六月停铸，当百、当五十两种于咸丰五年六月停铸。
④ 咸丰三年设立乾豫、乾恒、乾丰、乾益"四乾官号"。咸丰四年又先后设立内务府的天元、天亨、天利、天贞、西天元五号（与户部四乾官号合称"乾天九号"）和户部的字升、字恒、字谦、字泰、字丰"五字官号"。

宝泉、宝源二局所铸铜钱及部分现银为票本，令其发行又称"饷票"的京钱票，用于部库支放八旗兵饷。此种官银钱铺发行的京钱票，虽仿自民间钱庄、银号的银票、钱票，实际却毫无信用，士兵支领后并不能在官银钱铺兑现，到市面上也不能买到等值货品，甚至被拒收。

咸丰三年以后铸造大钱及发行票钞，是清政府为缓解极端困难的财政危局而迫不得已采取的金融措施。这些自发行起就不断贬值，给社会经济和人民生活造成了极大扰害的不值钱"货币"，帮助户部度过了军兴以后部库几无现银入账的一段艰难岁月。不过，这也给今天人们研究当时的银库数据造成了很大困扰。从纸面上看，表3-4的咸丰朝银库收入中，每年还至少有白银数百万两入账，而实际上，正如曾深入探究过其时银库数据的彭泽益先生所言，这几百万两"银"，"不过是一个记账数字，是现银与非现银、'票银'与'实银'等一切按银两单位计算的收付项目的总计而已"①。"钱"的数字也同样如此。咸丰以前的银库钱数均为制钱，价值固定且与银两有一定的兑换比例。而咸丰三年以后的银库钱数，是制钱、大钱、京票钱等各种以钱文为单位的货币符号的混合体，且并不都分别标示出来，如各种大钱，就应该是混在"制钱"这一项里入账的。这些不同的"钱"，虽按官方规定其价值是一样的，如宝钞一千文即等同于制钱一串，但实际上因其根本没有信用，在流通中几乎等于废纸，与官票一起被戏称为"吵票"（"钞票"之谐音）。总之，咸丰朝三年以后的银库数据，更多的只是一种账面上的数字，而不具有以往银库数据那样的实银、实钱的意义。此点，是分析当时银库数据时必须首先要明了的。

根据表3-4，咸丰朝银库的年收入银数，仅为道光朝银库年平均入数990万两的53.6%，即一半稍多一点；收银最少的咸丰六年，更仅为27%。而钱文收数，自从咸丰三年以后改铸大钱、铁钱及发行纸钞，便成倍增长：咸丰四年为道光朝平均数的9倍余，五年为11.7倍，六年为13.5倍，九年为18.8倍，十年为6.8倍；十一年，因大钱、票钞政策均已破产，大钱除当十钱外早就停铸，宝钞、京票亦已于上年议停，故而本年钱文收数少于道光朝。平均而计，咸丰朝银库年收钱文数为道光朝的7.1倍。

上述变化，导致银库收入中的银、钱比例与道光朝不同。表3-6是统

---

① 彭泽益：《十九世纪后半期的中国财政与经济》，人民出版社1983年版，第76页。

一按银两计算的咸丰朝银库历年收入总数及银、钱入数在其中分别所占比例统计（为资比较，道光朝平均数亦附列其中）。

表 3-6　咸丰朝银库银钱收入总数及其中银、钱各占比例

年　份	银钱合计收入（万两）	银 数量（万两）	银 占总数%	钱 折合银数（万两）	钱 占总数%
道光朝平均	1108	990	89.4	118	10.6
咸丰朝平均	973	531	54.6	442	45.4
咸丰元年	889	764	85.9	125	14.1
咸丰二年	979	836	85.4	143	14.6
咸丰三年	564	444	78.7	120	21.3
咸丰四年	1045	500	47.8	545	52.2
咸丰五年	996	307	30.8	689	69.2
咸丰六年	1066	267	25.0	799	75.0
咸丰九年	1558	446	28.6	1112	71.4
咸丰十年	944	543	57.5	401	42.5
咸丰十一年	712	668	93.8	44	6.2

资料来源：据表 3-4。钱文折合银数计算，咸丰三年以前按 1∶1，四年至十一年按 2∶1。

如表 3-6 所示，咸丰朝银库收入中银的比重，开始的两三年还大体维持在与道光朝相差不远的较高水平，从四年开始便迅速下滑，至六年下降到谷底，仅为 25%，而钱的比重则上升为 75%，较之道光朝的银、钱比例，已经完全倒置。此后，银的比重回升，至咸丰末年升至 94.2%。全朝平均，银的比重为 54.6%，钱则为 45.4%，在整个清代，绝无仅有。咸丰一朝，在外省解款匮乏、银库收银剧减的情况下，仍能维持一定的收入规模（平均为道光朝的 87.8%），以应付京师基本开支的需要，靠的就是铸造大钱、发行票钞等货币措施；否则，京师的开支将无以为继。

咸丰朝银库收入中的银、钱比重还不能完全反映其时财政危机的深刻程度。这一危机，在银的收入数字这一块有更充分的表现。上文已经提到，咸丰朝银库表面上的每年数百万银两收入，其实只是假象。这其中，除元年、二年数为实银两外，其余各年数中所包含的实银其实很少，大量的是票银，仅具账面上的价值符号意义。在经济所清代抄档中，有一件同治四年三月十三日户部左侍郎皂保奏折附开的清单，详细列出了从咸丰三年至

同治三年的银库出入实银数字，据此可以知道这一时期银库账面出入数字中的实银所占比重。这个清单所开咸丰朝历年银库收入的实银数及其占总银数的比重如表3-7所示。此表显示：当时银库每年收入的实银数多不过20万~40余万两，绝大多数年份甚至仅10余万两，在银两收入的总数中所占比例微不足道。如此之少的实银收入，进一步说明了咸丰朝银库的虚弱，没有大量发行的仅具价值符号意义的票钞支撑，它是一天也维持不下去的。其时清政府财政危机的严重程度，自不待言。

表3-7 咸丰朝银库银两收入中的实银数及其所占比重

年 份	银库收入总银数（万两）	总银数内实银数（万两）	实银占总银数百分比（%）
咸丰三年	444	48.0	10.8
咸丰四年	500	21.5	4.3
咸丰五年	307	14.2	4.6
咸丰六年	267	15.2	5.7
咸丰七年	—	19.6	—
咸丰八年	—	17.8	—
咸丰九年	446	18.5	4.1
咸丰十年	543	14.5	2.7
咸丰十一年	668	15.1	2.3

资料来源：据经济所清代抄档：同治四年三月十三日户部左侍郎皂保奏折附清单。

同治朝的银库收入，由于现存只有同治四年至六年三个年份的大进册数据，不足以反映全面情况。但从表3-5仍可看出，在太平天国起义被镇压、大规模战争基本结束以后的这几年，清中央政府的财政状况已经趋于好转，户部银库收入的总体水平，重又接近了道光末年战前的水平。不过需要指出，这种情况也只是在同治三年清军攻陷南京，从而基本结束战争以后才出现。而在此前几年，户部银库的收入状况，其实仍然不容乐观。根据上面引证的同治四年三月户部左侍郎皂保奏折附列的清单，同治元年、二年、三年，户部银库的实银收数也只分别为19.4万两、11.8万两、17.4万两，其窘迫状况与咸丰末年无大区别。

第四节 光绪时期的银库收入

光绪朝银库大进数据亦不完整，仅有光绪九年、十七年、十八年、二十二年至二十五年总共7个年份的数字，但大体可以反映光绪初、中期的情况，如表3-8所示①。

表3-8 光绪朝银库历年大进银、钱统计

年 份	银（万两）	钱（万串）
光绪九年	1564	23
光绪十七年	1927	139
光绪十八年	2086	158
光绪二十二年	2278	44
光绪二十三年	2328①	34
光绪二十四年	2880②	43
光绪二十五年	2445③	37③
平 均	2180	71

注：银数内包括原册另开之各专项经费银在内；钱数内包括原册另开之铜制钱在内。
①此数据四柱册，大进册数为2299万两。
②此数据四柱册，大进册数为2757万两。
③据四柱册，大进册银数为2347万两，钱数为59万串。

表3-8显示：光绪朝银库的银两收入，初期已经处在清前期较高的年收入水平上了，此后又不断增加，到甲午后，已比清前期的平均水平高出1倍以上。

光绪朝银库收入的增加，与清后期国家财政收入规模扩大有关。清前期的经常性财政收入，主要就是田赋、盐课、关税、杂税几项；其他如开例捐输、商人报效等，均为应对特别开支的临时筹款手段，而非经常性收

---

① 周育民先生《晚清财政与社会变迁》（上海人民出版社2000年版）第317页"光绪年间户部银库储银表"所列各年收入数与本表不同。该表原注："据中国第一历史档案馆所藏户部历年黄册。"经核对，该表系据各年四柱黄册（十八、十九两年数不知何据）。周表所列，均仅为原册新收项下"库平银"一项，另开的各专项经费收入未加计入，故其数字均小于本表数字。这些经费作为银库收入的一部分，是应该计入的。

入（常例捐输除外）。但是这种情况自咸、同以后发生了变化。咸丰时期，各省为筹措战争饷费，由江苏开始，相继创办了厘金。从同治后期起，一直到光绪朝的最初十余年间，厘金一直是清王朝仅次于田赋的第二大税收①。也是在咸丰时期，清王朝与英、法两国进行了第二次鸦片战争，战败后被迫增开通商口岸，与列强订立新的海关税则，进一步降低进出口关税税率，同意洋货进入内地只纳子口半税，从而对外贸易量扩大。同治以后，海关关税逐渐成为继厘金之后清王朝又一新的税收支柱。光绪十三年（1887年）洋药税厘并征后，海关税收更超过厘金，成为了第二大税收②。还是自咸丰朝起，清政府开始对外举债，最初数目不大，一旦开端，便一发而不止。据不完全统计，到甲午战前，清政府所借外债的累计总额已达库平银6700余万两；到辛丑前，更高达5亿余两③。内债也在光绪后期开始试办。外债和内债的债款，虽然不是经常性收入，但在清后期尤其是光绪朝的财政收入中，占有重要地位。

以上新增收入大大扩充了清王朝的财政基础，使得清后期的收入规模与清前期大不相同。与收入方面发生变化同时，支出方面也已迥异于以往。鉴于此，光绪十年（1884年），户部以光绪七年的出入详细册底为依据，奏准更定岁出、岁入会计科目。是次更定的岁入项目，"以地丁、杂赋、地租、粮折、折漕、漕项、耗羡、盐课、常税、生息等十项为常例征收；以厘金、洋税、新关税、按粮津贴等四项为新增征收；以续完、捐输、完缴、节扣等四项为本年收款"④。自光绪十一年起，户部开始按照新科目分别汇核每年各项出入数字。这些数字，后来成为刘岳云编制《光绪会计表》的主要依据。根据刘岳云的记载，光绪十一年至二十年清王朝历年收入情况如表3-9所示。

---

① 参见罗玉东《中国厘金史》下册附录一，第四表"历年全国厘金收数"，（台湾）文海出版社1986年版，第469页。
② 参见汤象龙《中国近代海关税收和分配统计》中的全国海关历年各项税收统计总表，中华书局1992年版，第63~68页。
③ 据中国人民银行参事室编《中国清代外债史资料（1853—1911）》第一、二、三章附表，中日甲午战争前的外债、甲午战费和偿付赔款的外债、甲午至辛丑前的外债折合库平银分别为67097829两、380775866两、70640995两，总计518514690两，中国金融出版社1991年版，第136~140、第247、315页。
④ 《清史稿》卷125《食货六》。

表 3-9　光绪十一年至二十年全国岁入总数

年　份	岁入总数（万两）	年　份	岁入总数（万两）
光绪十一年	7709	光绪十六年	8681
光绪十二年	8109	光绪十七年	8968
光绪十三年	8422	光绪十八年	8436
光绪十四年	8779	光绪十九年	8311
光绪十五年	8076	光绪二十年	8103
	平均年入：8359 万两		

资料来源：据刘岳云《光绪会计表》卷 1《入项总表》，教育世界社光绪二十七年印本，第 1~5 页。

可见，由于新的收入出现，光绪朝前期的财政收入总规模已经比道光时期差不多增加了一倍。表 3-9 统计的十年间，平均每年收入 8359 万两。当然这还不是其时的全部收入。如上面提到的外债债款收入，就没有计入。光绪十年户部核定的岁计出入项目，将"洋款"和"还借息款"两项同列入新增开支项下，混淆了债款的借入和每年还本付息的不同性质。其实，"洋款"即外债的借入数应该列入新增收入才对，户部将其列入支出，实属不当。刘岳云继续了户部的这个错误，而且进一步将这借、还两项合并在一起，统以"洋款"名义放在岁出项下，不明不白，更是错上加错。根据中国人民银行参事室编《中国清代外债史资料（1853—1911）》，从光绪十一年到甲午战前，即表 3-9 统计的这十年间，清政府总共借入外债 20 笔，折合库平银共计 2067 万余两[①]，平均每年 206.7 万两。加入此数，则这十年清王朝的平均岁入应为 8566 万两。当然，这只是平均而言，并不意味着表 3-9 中每年的收入都应增加 200 余万两。根据同一资料统计的分年外债数分别为：光绪十一年借外债 8 笔，合库平银 1208.6 万两；光绪十二年 2 笔，100 万两；光绪十三年 1 笔，98 万两；光绪十四年 6 笔，623 万两；光绪十六年 2 笔，22 万两；光绪十九年 1 笔，15 万余两。据此修正表 3-9 各数，结果如表 3-10 所示。

---

① 据该书第一章附表"中日甲午战争前外债统计表"中这一时间段外债数计算，共计入外债 20 笔。

表 3-10　光绪十一年至二十年岁入总数修正

年　份	岁入总数（万两）	年　份	岁入总数（万两）
光绪十一年	8918	光绪十六年	8703
光绪十二年	8209	光绪十七年	8968
光绪十三年	8520	光绪十八年	8436
光绪十四年	9402	光绪十九年	8326
光绪十五年	8076	光绪二十年	8103

平均年入：8566 万两

关于甲午战前的清政府财政收入，当时英国驻上海领事馆的官员哲美森也有一个估计。他根据甲午战前三年有关中国财政收支的京外奏报，估计光绪十九年（1893 年）清政府的岁入应为：地丁 2508.8 万两，漕米折价 656.2 万两，盐课、盐厘 1365.9 万两，百货厘 1295.2 万两，洋关税 2198.9 万两，常关税 100 万两，土药税厘 222.9 万两，杂税 550 万两，总收入 8897.9 万两[①]。哲美森的这个估计，比刘岳云记载的数字稍高，但大体处在同一水平级，可以互相印证。

光绪二十年以后，清王朝又经历了两次大的对外战争和社会震荡，即甲午中日战争、庚子义和团运动及随后的八国联军侵华战争。这两次战争和社会震荡都带来了巨额对外赔款、外债以及与偿付赔款和外债本息相关联的国内财政搜刮。其结果，就是清王朝财政规模的进一步扩张。

甲午战争后至庚子前的清王朝岁入，据赫德的调查和估计，大体应为地丁 2650 万两，漕折 310 万两，盐课盐厘 1350 万两，常关税 270 万两，厘金 1600 万两，海关税包括洋土药税在内共 2380 万两，各省杂税及杂项收入 260 万两，总收入 8820 万两[②]。赫德的这个估计，项目还不够完全。如各省所征收数很大的土药税厘、捐输款（光绪十五年开办新海防事例，二十年又开江南筹办防务例）以及甲午后各省普遍实行的盐斤加价等，均未加以估计。这个估计的入款总额与甲午战前清王朝的岁入规模大体相当，出款

[①] 见哲美森《中国度支考》，林乐之译，光绪二十三年上海广学会铅印本，第 20 页。
[②] 见中国近代史资料丛刊编辑委员会主编《中国海关与义和团运动》，中华书局 1983 年版，第 64~65 页。

则因战后"债款开支"一项陡增——由300万两增至2400万两（清政府为备战及战后偿付赔款共借外债3亿两多），而加大到了1亿两。虽然这个估计中的债款以外其他支出有所缩减，但总支出与收入之间仍有近1300万两的差额。如果其时清政府的财政真有如此之大的缺口，岂不早已破产？而事实却是，尽管空前困难，清政府的财政还是维持下来了。这个结果也反过来证明，甲午战争后，清王朝的岁入绝对不会仍处在战前的水平上，而是大体接近其时岁出必不可少的1亿两规模的①。这里面1000余万两的差额，笔者以为，在真实的历史中是由上面提到的战后诸项财政搜刮，以及外债和内债（光绪二十年"息借商款"，二十四年发行昭信股票）的债款收入，来加以填补的。

庚子后的清王朝的岁入，据刘锦藻记载，光绪二十九年（1903年）为1.0492亿两，三十四年为2.348亿两②。这两个数字，更令人感兴趣的是第二个。光绪三十四年收入数，居然比仅仅五年前的二十九年数翻了一番还多！光绪二十七年《辛丑条约》订立后，清王朝为筹集天文数字的赔款，以及推行"新政"、"立宪"，除了以关、盐等税为抵押大借外债外，并将赔款及推行新政诸费按数分摊各省，"合力通筹"，从而在全国开始了新一轮大规模的增捐加税，导致税收大幅增加，这些都是事实。但问题是，仅仅几年，就使后来的收入多出原来一倍以上，无论如何难以令人置信。这里，显然不仅有"新增"，而且有"挖潜"，即有一部分多出的收入并不是辛丑以后增加的，而是早就存在，只是以前被控制在各省手里不上报，现在被中央政府"挖"了出来而已。光绪三十四年的数字，就是当时"清理财政"的结果。清廷自光绪三十一年赴外洋考察各国宪政的五大臣回国后，为筹备"立宪"，实行了一系列改革措施。在财政方面，除于三十二年改户部为度支部的机构及官制改革外，至三十三年又提出并着手准备清理财政，以为将来划分国家税地方税、试办预算、建立近代财政管理体制打基础。三十四年底，度支部奏定清理财政办法。接着又拟定具体章程，于度支部设立清理财政处，各省设立清理财政局，开始了以光绪三十四年出入款项为

---

① 这里说的岁入大体接近1亿两规模，是就当时各省奏销，清政府所能掌握的财政收入规模而言的，并非指包括各省大量外销款项都在内的国家岁入实际规模。后者，据笔者估计，庚子前后时可能已经达到接近2亿两的规模，见下文。
② 刘锦藻《清朝续文献通考》卷68《国用六》，考8249。

对象的各省财政调查清理及编制财政说明书工作。是次调查清理，进行了一年多，于宣统二年（1910年）秋基本完成，"全国财赋之籍，始总于京师"①。光绪三十四年的出入数字，是这次调查后，按各省数字汇总出来的，虽其中因"各省协拨款项，彼此收支"，有重复计算现象，"然出入大纲，略可概见"②。此次调查清理，当然不可能把当时全部财政家底完全弄清楚，但认为已经清出了大部分在过去的统计中没有包括进去的收入，应该是可以的。这其中，既有庚子后新增加的，也应有以前就存在的。就是说，庚子以前清王朝的实际岁入规模，应该比至今所见文献记载和估计数都大得多。至于大多少，笔者个人认为将甲午战争前的实际岁入估计为1.4~1.5亿两③，庚子前后的岁入估计为接近2亿两的水平，并不为过④。

清代的奏销统计始终存在着一个数目不详的"外销"问题。按照当时的奏销制度和财政习惯，各省每年册报户部的收支只是那些为条例所规定的项目和数额，然而这些并非就是各省收支的全部内容。各省还有一些收入和支出，因不在条例之内，于奏销册中并不开列，属于"外销"，因而每年的奏销审计也就不包括它们，户部根据奏销册汇总的数字之内，也就没有它们的身影。这些外销的收支，其收入一般来自对国家法定税收的附加征收。例如，田赋中的地丁银，在国家规定的正额之外，还要加征以"火耗"名义附加的耗羡，理由是民间以散碎银两纳税，需官将其熔铸成统一规格的元宝才能解运交库，不无损耗（"火耗"），而且解运亦需费用，故而加征。随地丁正额加征的耗羡，在清初原不合法，不入奏销，其收入及与之相关联的各项地方支出，在当时即属于外销。雍正以后实行耗羡归公，

---

① 苓泉居士《觉花寮杂记》卷1。
② 李振华辑《近代中国国内外大事记·宣统元年》，第1141~1142页。
③ 甲午战前的实际岁入规模，笔者在与徐毅合著的《晚清财政：1851~1894》（上海财经大学出版社2008年版）一书中按田赋3500万两、盐茶课税3000万两、常关税550万两、海关税2300万两、厘金3000万两、杂税1000万两、杂收入1000万两、捐输266万两估算，合计为14616万两，见该书第255~264、第277~279页。
④ 这些数字具体的估算过程这里不能提供，因为这要占用大量篇幅并涉及繁复的计算，也许要用一整本书来专门讨论才行。又2008年福建人民出版社出版的本书旧版《清代户部银库收支和库存统计》中，笔者将甲午战争前的实际岁入估计为1.2~1.3亿两、庚子前后的岁入估计为1.5~1.8亿两，这两个估计均稍嫌偏低，其原因在拙著《晚清财政：1851~1894》（与徐毅合著，上海财经大学出版社2008年版）的《后记》中已做了说明，现趁出新版机会，做出修改。

所征银两提解司库，用给各官养廉及充地方公费，耗羡才成为地丁正税的法定加征，于乾隆时被正式纳入每年的奏销。然而，"耗外有耗"，耗羡归公以后，各地又有许多随地丁耗羡征收的附加出来，仍然不入奏销。类似地丁加征耗羡的情况，在清代所有的正税征收中都存在，即各种名目的浮费、盈余、陋规等。这些正税之外的加征，有些在规定的奏销项目之内（如随漕粮正额征收的各种"漕项"），但大多属于外销；也有的初为外销，后被命令"报解"，从而成为条例之内的"正款"。从外销款到必须奏销的正款的转化，反映了中央与地方在财政利益上的争夺。外销款项，因没有国家的审计，其征收和使用上都比较随便，征收没有固定数额，使用上亦无一定规章，一般用于补充地方政费，但也有不少进入经征人员及各级官吏的私囊。

　　清代的外销收支，虽然具体数目不详，但有一点可以肯定，即在清后期，特别是晚清时期的这个问题，远较前期严重。清前期的国家组织及其财政仍然运行在传统的轨道上，收入和支出的内容都还十分有限；其时高度中央集权的财政体制下严格的奏销管理，亦限制了各省地方在外销上的发挥空间。但清后期却不一样。清王朝自从经历了前后两次鸦片战争和太平天国大起义后，财政管理体制和收支内容都发生了巨大变化。财政管理上，财权下移，各省地方财政自主权扩张并在晚清时期形成了事实上的独立地方财政，导致清前期高度中央集权的一套财政管理方式和制度基本失灵，或者被迫做出适应新情况的调整，或者名存而实亡。收支方面，厘金、洋税这些新增税收无论征收机构还是税款用途、使用方式都与传统的地丁、盐、关等税大不相同，均非经制所有，亦非传统税收的管理方法所能控制。两方面互相结合，就使清后期的外销收支大量增加。这一时期，各省地方政务，诸如办理厘金、洋务、外交、通商、创办新式军需工业、投资民用工商业、编练新军，等等，皆非旧时所有，亦绝少由中央政府统筹推动，基本上是各省自筹自办。旧有的行政事务，如征税、治安、刑讼、民政，等等，随着时代变化，也与过去有很大不同；尤其在晚清推行新政时期，机构增加，人员扩充，所管范围和内容都更趋复杂化。所有这些地方政务，其经费来源，不是分润厘金、洋税、鸦片税这些不能为国家完全控制的新增税收，就是以各种名义在传统税收中附加征收五花八门的杂税杂捐。清末，通过清理财政，将这些久已存在的外销收支大部分清理出来，从而引致国家财政规模陡然加大,实乃常理中事。

以上用较多篇幅讨论清后期特别是晚清时期的财政收入规模,目的在探究光绪朝户部银库收入在其中所占地位,从而进一步说明这一时期中央与地方财政关系发生的变化。从讨论中我们知道,清后期整个国家财政收入的规模是不断扩张的,而不像清前期那样大体固定,长时间少有变化。约略地说,在光绪前期即甲午战争之前,文献记载的全国岁入规模为8000万~9000万两左右,我们的估计数则为1.4亿~1.5亿两;庚子前后,文献数字为1亿两上下,我们的估计数为接近2亿两。而同时期的银库收入,如表3-8所示,甲午战争前的光绪十七、十八年达到2000万两左右,约为清前期平均水平的1倍,与道光朝相比则超过1倍。甲午战争后,银库收入继续有所增加,光绪二十四年达到2757万两,但二十五年又下降到2347万两。甲午战争后的4个统计年份,平均年入数为2420万两。

甲午战争前银库收入占全国总收入的比重,就具体年份而言,只有光绪十七、十八两年的数字可供计算。光绪十七年银库收入银1927万两,刘岳云记载的全国岁入数为8968万两,银库收入占全国岁入的比重为21.5%。光绪十八年银库收入2086万两,全国岁入8436万两(刘岳云数),银库收入占全国岁入的24.7%。如果用这两年银库收入的平均数2007万两代表甲午战前银库收入的一般水平,用刘岳云《光绪会计表》光绪十一年至二十年的岁入平均值8359万两作为甲午战前全国岁入的一般水平,那么前者占后者的24%。用哲美森的甲午战前全国岁入8898万两估计数计算,2007万两银库收入占其22.6%。用笔者估计的1.4~1.5亿两全国岁入数计算(按1.46亿两),则银库收入仅占13.7%。以上结果,如表3-11所示。

表3-11 甲午战争前银库收入占全国岁入的比重

银库收入(万两)	全国岁入及银库岁入在其中所占比重						
	刘岳云数(万两)	银库收入比重(%)	哲美森估计数(万两)	银库收入比重(%)	笔者估计数(万两)	银库收入比重(%)
2007	8359	24.0	8898	22.6	14600	13.7
附:光绪十七年比重:21.5%;光绪十八年比重:24.7%						

庚子前后的银库岁入，可以用甲午后4个年份的平均值2420万两代表。其在赫德估计数、刘锦藻记载的光绪二十九年数及笔者估计的约2亿两全国数中分别所占的比重如表3-12所示。

表3-12 庚子前后银库收入占全国岁入的比重

银库收入（万两）	全国岁入及银库岁入在其中所占比重					
	赫德估计数（万两）	银库收入比重（%）	光绪二十九年数（万两）	银库收入比重（%）	笔者估计数（万两）	银库收入比重（%）
2420	8820	27.4	10492	23.1	20000	12.1

如上计算结果显示：根据现有文献记载或当时人估计的全国岁入计算，甲午前及庚子前后户部银库收入占全国财政总收入的比重没有大的变化。甲午前的比重为21.5%~24.7%，庚子前后为23.1%~27.4%，基本上处在同一水平级上，并且与清前期各朝比较亦无显著变化，具体比重的高低只是取决于所使用的是哪一个全国总数。如此看来，似乎可以得出结论：光绪朝的银库收入，大体上是随着国家整个岁入的增长而同比例增加的；银库收入占全国财政总收入的比重，晚清时期与清前期相比也没有什么不同，即均占1/5~1/4。然而这与我们了解的晚清地方财政扩张、中央对地方控制趋于弱化的历史事实不相吻合。其实，正如上面所讨论的，文献记载及当时人估计的晚清岁入规模都是偏低的，大量的地方收支并没有被包括在这些数字之内，否则就无法合理解释为什么直到庚子前后全国的岁入规模还在1亿两上下徘徊，而仅仅几年之后就一下子陡增到2亿多两。最合理的解释只能是此前的岁入规模被严重低估了，而之所以被低估，是因为在清后期，随着各省地方财权扩张，中央对地方的控制能力减弱，传统的奏销制度已经不适应当时国家财政发展的实际情况，故而中央政府统计不到各省外销而不报部的大量款项。然而，这些外销的、总额巨大的款项毕竟在光绪末的财政清理中被调查出来了，其中许多都是庚子、甲午之前早就存在的（见根据此次调查清理编制的各省《财政说明书》）。既然我们相信光绪末这次调查清理后的数字（还没有人从根本上怀疑这些数字），那么，以其为依据对此前文献记载或估计的数字加以修正，做出新估计，也就是理所当然和必要的了。笔者的估计数不一定完全准确，但自信应该比

至今人们知道的那些数字更加接近历史真实。按笔者的估计数计算，银库收入占全国岁入的比重要比按上面那些数低得多：甲午之前约为 13.7%，庚子前后更下降到 12.1%。这个结果显示，清后期，特别是晚清时期，在经历了咸、同两朝的社会大动荡、中央与各省包括财权在内的各方面关系和利益的大调整之后，中央财政在全国财政中的地位确实大大下降了，从财政侧面反映了其时整个国家正由原来的高度统一和中央集权走向分裂的历史进程①。

---

① 清后期中央与各省权力消长的变化，当时一些敏锐的观察家已经有所认识。同治中，曾国藩的幕僚赵烈文在一次与曾议及军兴以来统军将领自练军、自筹饷，利权在手的后果时，就指出当时的局面是"一统既久，剖分之象盖已滥觞"（见赵烈文《能静居日记》，同治六年六月二十九日）。《湘军志》的作者王闿运则将当时的形势与"将富兵横，矛戟森森"的五代相类比，认为"恐中原复有五季之势"（见《湘绮楼日记》，同治九年正月十六日）。清末梁启超论及中国财政改革之艰难时，更明确以"十八国"来形容其时的全国十八省分裂局面："今一议及清理，则各督抚攘臂以争，惟恐中央之夺其橐"，各省之间也"此疆彼界，划如鸿沟，以一国而成为十八国。"一些西方学者研究晚清的政治权力格局，提出了"地方主义"（Regionalism）一词，认为随着清中央政权在十九世纪以来的多次大叛乱中遭到削弱，国内一些核心地区的军事及政治势力开始抬头，形成了尽管形式上仍保留在清政府权力体系之中，但已经发挥着部分国家功能的核心地区的"地方主义"，此乃"中国近代史上的一个重要现象"（Stanley SPECTOR, Hongchang Li, *Li Hung-chang and the Huai Army, A Study in Nineteenth Century Chinese Regionalism* (Seattle, 1964), pp. 21-43.）。这是十分中肯的分析。中国近代中央政权衰弱不振，各省地方分裂割据的局面，虽然其显现是在清王朝被推翻以后的民国北洋政府时期，但是它的酝酿、形成过程，早在清王朝镇压太平天国等人民大起义的咸丰、同治时期就开始了。

第四章

清代历朝的银库支出与收支盈亏分析

第一节　康熙至道光时期的银库支出与收支盈亏

清前期户部银库的常例支出项目，王庆云根据《清朝文献通考》，有一个比较完整的记载，见表4-1。

表4-1　乾隆三十年奏销京师用额

项　目	数　额 银（两）	数　额 钱（千文）	王庆云及《清朝文献通考》原注
王公百官俸银［Ⅱ］	938700	—	此系应领之数，每年约实领俸饷共400余万两
兵饷［Ⅰ］	5033045（无闰之年）	1000000+	
盛京、热河围场、东陵、泰陵各官兵俸饷［Ⅰ］	1300000~1600000	—	较会典多
外藩王公俸银［Ⅱ］	128300	—	
内阁等处饭银［Ⅲ］	18300	—	
吏、礼部养廉银［Ⅱ］	15000	—	
京官公费饭食钱［Ⅲ］	—	110000	
八沟、塔子沟收税官路费［Ⅲ］	1062	—	
内务府、工部、太常寺、光禄寺、理藩院备用银［Ⅲ］	560000	—	
内务府备用钱［Ⅴ］	—	5000	
兵部馆所钱粮［Ⅲ］	4180	—	

续表

项　目	数　额 银（两）	数　额 钱（千文）	王庆云及《通考》原注
刑部朝审银［Ⅲ］	60	—	
国子监膏火银［Ⅲ］	60	—	
钦天监宪时书银［Ⅲ］	498	—	遇闰加18两有奇
宝泉、宝源局料银［Ⅲ］	107671	—	遇闰加5800余两
在京各衙门役食银［Ⅲ］	83330	—	较会典多
内务府牵驼人米折［Ⅴ］	3041	—	
五城栖流所备赈银［Ⅳ］	200	—	
孤贫口粮钱［Ⅳ］	—	2930	
内务府等衙门各刍牧银［Ⅴ］	83560	—	较会典多
外藩、蒙古、朝鲜入贡赏银［Ⅲ］	10000	—	
合　计	8287007～8587007	1117930+	《通考》原注："以上岁用之数盈缩不齐，兹就乾隆三十年奏销约举其凡，至用之本无常额者不列。"

资料来源：据王庆云《石渠余纪》卷3《直省地丁表》附"通考京师用额"。

表4-1为乾隆中叶户部银库每年常例支出的款目和应支额数。就款目而言，表内各项大体代表了清前期银库常例支出的一般情况。清前期财政，其经制项目及应收应支额数一般是长期保持不变的，载于《大清会典》和《户部则例》，所谓"出入均有常经"，即是指此。每年的变化，主要是实际的收支数字，比如某项入款或出款因某种原因，较之额数要少入、少出若干；但通常不会多出额数，除非定额已经改变，或者奉有特别旨意。变化可以是一时的，也可以是比较长时间的，比如某个时期因财政困难而减发官员俸禄或裁减某项经费等，就有可能持续数年或者更长时间，直到奉旨恢复原额。经制项目及其额数经过比较长的时间，根据收支变化的情况，也会做出调整和变更。比如王庆云在照录《清朝文献通考》所载乾隆三十年京师各款支出时，就以之与嘉庆《大清会典》进行比对，说其"较今会典所载款目不同，盈缩亦异"。

表4-1各项支款，按用途性质，可大致划分为兵饷、官俸、行政经费、

救恤、内府供用五类①，表内分别以［Ⅰ］、［Ⅱ］、［Ⅲ］、［Ⅳ］、［Ⅴ］加以标记。其中，兵饷计银 633.3 万～663.3 万两、钱 100 万千文，官俸计银 108.2 万两，行政经费计银 78.5 万两、钱 11 万千文，救恤计银 200 两、钱 2930 千文，内府供用计银 8.7 万两、钱 5000 千文。除救恤支出数额太小忽略不计外，其他支出占总支出的比例如表 4-2 所示，直观表达则如图 4-1 所示。

表 4-2　乾隆三十年京师各类经费支出占总支出的比例

		总支出	兵饷 ［Ⅰ］	官俸 ［Ⅱ］	行政经费 ［Ⅲ］	内府供用 ［Ⅴ］
银	数额（万两）	844	648.3	108.2	78.5	8.7
	%	99.9	76.8	12.8	9.3	1.0
钱	数额（万千文）	112	100	—	11	0.5
	%	99.5	89.3	—	9.8	0.4
银钱合计	数额（万两）	956	748.3	108.2	89.5	9.2
	%	100	78.3	11.3	9.4	1.0

资料来源：据表 4-1。表内兵饷计算，盛京、热河围场、东陵、泰陵各处官兵俸饷按 145 万两计。银钱合计数，钱数按每千文合银一两折银计入。

五类经费中，以兵饷支出最多，银钱合计约 750 万两，占京师每年常例用款总数的 78% 左右；不过实支没有这么多，除支钱不计外，支银仅 500 多万两，其中京师八旗兵饷约计 400 余万两。其次是官俸，包括京师王公百官俸、外藩王公俸及吏、礼两部的少量养廉银（耗羡归公外官给养廉银后，京官于乾隆时亦酌给养廉），合计 108 万两，约占常例用款总额的 11%。行政经费支出，银钱合计，约 90 万两，占用款总额的 9% 稍多。此类经费，以京官公费饭食（银钱合计约 13 万两）、各衙门胥役工食（8 万余两）、宝泉、宝源二局铸钱用料银（10 万余两）以及内务府、工部、太常寺、光禄寺、理藩院等衙门支领的"备用银"（56 万两）为大宗，其他多的几千两，

---

① 仅以这五类划分，有些项目归入某类时有些牵强。比如国子监膏火银，是给国子监六堂内外班学生的，按性质应归入"廪膳膏火及科场经费"或教育经费，但表内此类经费只此一项，且仅支银 60 两，为避免枝蔓，将其并入行政经费讨论。宝泉、宝源二局铸钱料银，亦属此种情况，同样并入行政经费。

少的仅几十两。救恤费为赈灾及贫民救济之类的支出，现代财政属民政费范畴。清前期每年这方面花费不少，京师亦然，但常例用款不多，表中只开列了孤贫口粮钱和五城栖流所备赈银两项，合计为银3000两左右。内府供用其实也是大项，不过表内作为常款支出开列的仅有"内务府备用钱"、"内务府牵驼人米折"和"内务府等衙门各刍牧银"几项，合计为银不过9万两，约占京师用款总额的1%；内务府等衙门支领的56万两"备用银"中，也有一部分系供用内廷，但无法从中分析出来。此外，在乾隆中，每年作为经制项目奏销的还有"采办银"12万两、"织造银"14万两，其中虽有部分为国用（此部分采办和织造的物品入贮户部颜料、缎匹二库），但也主要是供用内廷。采办和织造费不在部库支出，而由负责办差的各省于相关款项下动支并奏销。

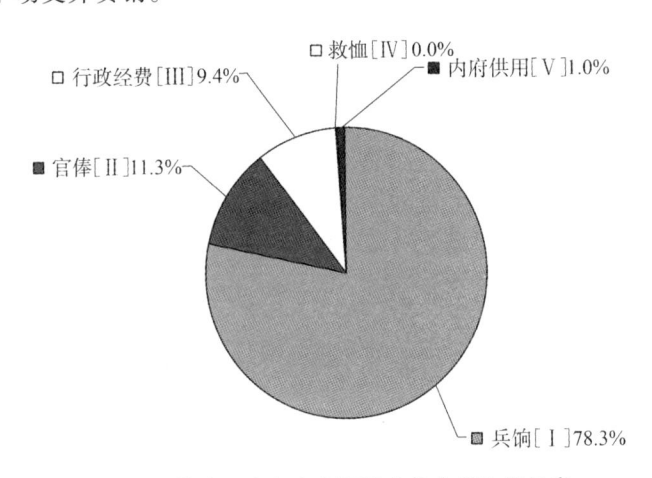

图 4-1　乾隆三十年京师经费分类支出比例示意

清前期户部银库的常例支出规模，依照表4-1所开各项，乾隆中约计为银800多万两、钱100余万千文，与乾隆朝银库平均年入银1242万两相较，约计盈余400万两左右；钱文支出则大体与收入平齐。其他各朝，康熙时国家尚在休养生息之中，各方面开支均较节俭，即便到康熙中、后期，部库常例支款也不会超过800万两，其时银库约计年入900万两，大概可以盈余100万~200万两。雍正朝银库的常款支出应该处在康、乾两朝之间，但收入增加到平均每年1400余万两，盈余之数当更多于乾隆朝。嘉、道两朝，银库收入每况愈下，嘉庆时平均每年1100万两，道光朝更仅990万两，而其时意外支出却不少，故这两朝的常例开支必较乾隆朝有所缩减。此种缩减，不一定是定额的减少①，但总体上长年在定额以下开支，则是肯定的。不过这种缩减也不会太多，因为常例支出，除非遇到特别困难时期，一般是不轻易裁节的。有些支出还会不减反增。如宗室俸禄支出，就应该是增加的。道光时有人奏京师太仓积储日渐减少，指出其中很大的一个原因就是清初"九王子孙，愈衍愈众"，以致清初时仅占京仓岁支百之一的恩米发放，至道光朝，其比例竟已提高到"不啻十之三四"②。禄米增加，禄银自然也增加。魏源说："顺治初，宗室从龙入关二千余，近日至三万余，岁禄数百万。"③ 因此，估计嘉、道时期银库每年常例支出，很可能还有800万两上下。这个数字，对嘉庆朝来说，意味着每年还有300万两左右的收支盈余；对道光朝来说，则意味着不到200万两盈余。

　　常例支出之外，还有临时支出。常例支出有定额，临时支出无定额。常例支出一般有与之对应的收入款目，临时支出则多靠"捐输"、"报效"等临时筹款办法或者动用以前的财政节余来解决。清前期的临时支出，主要有用兵之军需、灾荒之赈济及兴办较大工程时的例外用款等项。这其中，以军需开支最大，其次为河工、海塘等工程的例外用款，再次为灾荒赈济支出。据周育民统计，清前期，乾、嘉、道三朝重大军需用款37613万两；从康熙至道光，海塘、河工例外开支9133万两、重大救灾支出5348万两④。三项合计，共5亿余两，相当于当时十多年的财政收入总和。这个统计当然还很不完整，但亦可从中看出其时临时支出规模之巨大。临时支出用款，或由户部向各省指拨派解，或由部库筹款解给。但这二者其实是一样的：款项拨自各省则必减少各省对户部的京饷解款，从而影响部库的支出；直接出自部库，则同样要影响京师的其他开支，除非是动用了以前历年的结存。事实上，清前期为应付重大的临时支出，除依靠开办捐输、缩减常例开支等常规筹款办法外，动支财政节余年份的库存亦是经常使用的手段。清前期各朝银库库存的波动，就主要与临时支出的用款有关。

---

① 但定额亦发生了一些变动，如王庆云比较乾、嘉时京师用款额数时即指出：盛京、热河围场、东陵、泰陵各处官兵俸饷、京师各衙门役食银、内务府等衙门应支刍牧银几项均"较会典多"。
② 见管同《拟筹京师积储疏》，载《皇朝经世文编》卷42。
③ 魏源《圣武记（附录）》卷11《武事余记》。
④ 见周育民《晚清财政与社会变迁》，上海人民出版社2000年版，第41~45页，表1-12、表1-13、表1-14。

清前期各朝银库支出，除康熙朝只有康熙四十四年（1705年）一个年份的数据外，其他四朝数据均相对完整。其中，雍正朝计有10年支出数据；乾隆朝有43年支出数据；嘉庆朝有22年支出数据；道光朝有25年支出数据。为叙述方便，我们将后四朝分成雍正、乾隆时期与嘉庆、道光时期，分别观察和讨论它们的支出和收支平衡情况。前后两个时期的银库支出变化，分别如图4-2、图4-3所示①。

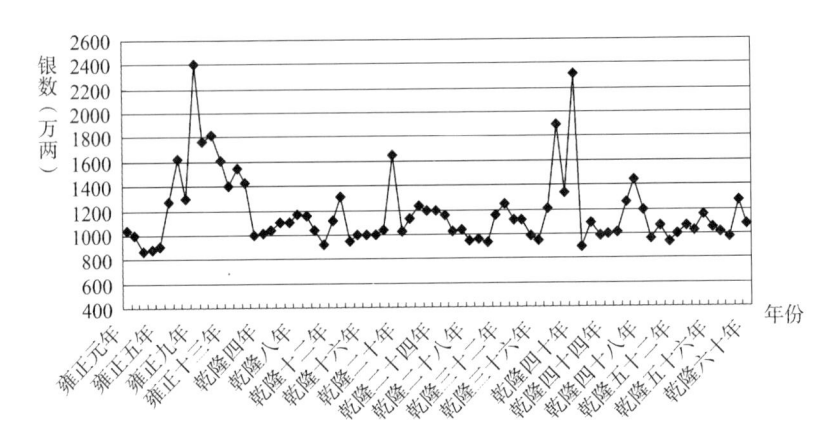

图4-2 雍正、乾隆时期银库支出变化

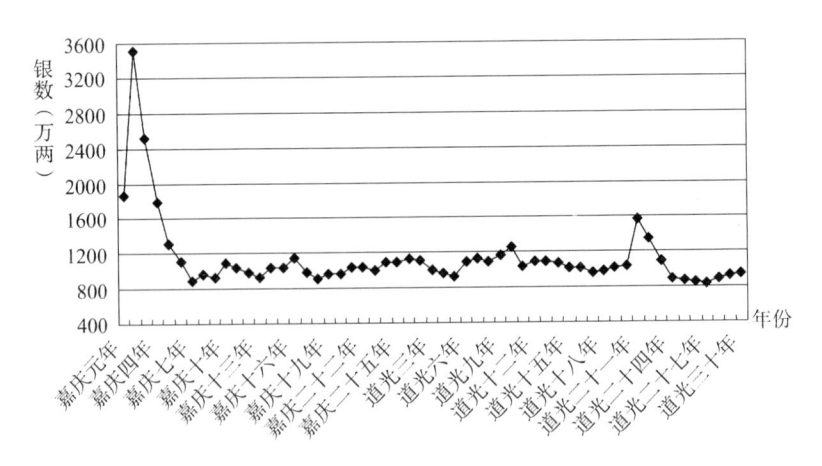

图4-3 嘉庆、道光时期银库支出变化

---

① 为方便作图，对这两个时期缺失年份的数据，均以其前后两个年份数字的平均值补入；个别年份虽有数据，但若其内有整月或多月数据缺失，又无四柱册数据可以代替，亦作无数据年份处理，以其前后两个年份数字的平均值补入。

雍、乾时期的银库支出作为一个整体，如图4-2所示的，多数年份都围绕着1100万两的中心水平线上下波动，高的年份达1200万两或再稍多一些，低的年份约在900万两左右。但是曲线并不平滑，中间有多段超出一般年份的波动向上凸起成陡峭的山峰形。其中，雍正七年至乾隆元年和乾隆三十六年至四十一年两个时段尤为突出。雍正七年到乾隆元年一段的前面几年，即雍正前半期，曲线一直在1000万～900万两左右的区间。但是从七年开始，便陡然升起，七年为1629万两，八年为1296万两，九年达到2411万两的峰顶后才开始下降，十年为1765万两，十一年为1817万两，十三年为1403万两，乾隆元年为1540万两，至乾隆二年重新回到1000万两左右的低位。乾隆三十六年至四十一年一段，开头的三十六年仅为945万两，但到三十七年便升到1207万两，三十八年再攀升至1903万两，三十九年回落到1336万两，四十年再升至2308万两，达到峰顶，四十一年复又回落到901万两。这两个时段支出曲线的大幅波动，对照历史，均与大规模兴兵有关。

第一段与雍正朝对西北边疆的准噶尔部用兵时间正相吻合。此次兴兵，为雍正朝自初年平定青海后又一次大规模的军事行动。战争从雍正七年开始，北、西两路出师，历时六年，大战小战，糜饷无数，至雍正末才以和议而告终。此次兴兵，未见有大规模开捐筹饷[①]，是用兵之军费，除拨自各省者外，另外的当主要出自部库。户部银库这几年的支出数字猛增，应当就是军费所致。如七年的高支出，就应与这年傅尔丹、岳钟琪奉命两路出师有关。八年无大战事，是以支出稍减。九年是战争最激烈的一年，故该年支出达到了空前的2411万两高峰。随后两年，战争烈度减弱，支出便也随之降了下来，但仍处在1700万～1800万两的高位。直到雍正十二年谕令停止用兵，十三年达成和议之后，银库支出才在十三年和乾隆元年降到1400万～1500多万两并于下一年回落为正常年份的1000万两水平。

此期间银库的收支盈亏及与之相关联的库存变化可进一步说明问题，如表4-3所示。

[①] 参见许大龄《清代捐纳制度》，（台湾）文海出版社1984年版，第73页。

表 4-3 雍正朝用兵准部期间银库收支盈亏及库存变化

单位：万两

年 份	收 入	支 出	盈、亏	年末结存
雍正七年	1796	1629	+167	6025
雍正八年	1489	1296	+193	6218
雍正九年	996	2411	-1415	5038
雍正十年	1166	1765	-569	4439
雍正十一年	1171	1817	-646	3793
雍正十二年	—	—	-543	3250
雍正十三年	1606	1403	+203	3453

资料来源：据本书附表6。表内数据情况见该表注的说明。年末结存数系出自乾隆四十年军机大臣奏片所附清单，其前、后年份之间的数字增减与表内收支盈亏数多有不相吻合之处，均仍照录。

从表4-3可以看出，在用兵的头两年，因尚未进入军需高潮，银库收支继续了雍正前期的盈余局面：支出固然增加，但收入也仍然维持在以前的高位，两抵后还是有所盈余，只是盈余的数额已明显少于前期[①]。但自九年开始，随着战事趋于激烈，收入大幅下降，而支出却猛增，收支之间便由盈转亏：九年亏1415万两，以后3年也连续亏损，每年500万～600余万两。直至十三年即战争结束后，才因支出减少、收入恢复而重新有了盈余。总计此次大役，银库库存从八年6218万两的雍正朝最高峰跌落到十三年的3453万两，5年时间减少近3000万两，平均每年500余万两，与此前的银库年平均盈余数大体相当。经此一役，雍正前期历年积累增加的银库库存，又大部分赔了出去。

雍正朝银库库存自九年后减少的近3000万两，未必全因对准部用兵之故，但是次用兵为当时最大例外支出，用掉了这3000万两中的大部分，应该没有疑问。

---

① 雍正帝即位后，经大力整顿税收，加强中央集权，完善财务管理，严格各省钱粮报拨和解款制度，前期的银库收入一直处于高位，而历年支出均仅在1000万两上下，故年年都有高达数百万两的收支盈余，使银库库存从即位初年的2000多万两迅速增至六年的5824万两。而七、八两年，收支盈余仅为100多万两，远低于此前时期。

乾隆三十六年至四十一年间的支出剧烈变动显然与大小金川用兵直接相关。是次兴兵，为乾隆朝平定金川之第二役，历时近6年，不但是乾隆帝"十全武功"中用兵时间最长者，所耗军需亦为其中之最多。据赵翼《檐曝杂记》，第二次金川之役共计用银6370万两[1]。这期间银库的收支、盈亏及库存变化，见表4-4。

表4-4　第二次金川之役期间银库收支、盈亏及库存变化

单位：万两

年　份	收　入	支　出	盈　亏	年末结存
乾隆三十六年	1109	945	+164	7894
乾隆三十七年	1187	1207	-20	7874
乾隆三十八年	897	1903	-1006	6868
乾隆三十九年	1759	1236	+523	7391
乾隆四十年	1413	2308	-895	6496
乾隆四十一年	1871	901	+970	7466

资料来源：据本书附表10。

从表4-4看出，是次大役，中间主要的4年（乾隆三十七年至四十年，1772—1775年），有3个年份因支出超过收入，出现赤字，总计亏损银1921万两。其中，三十八年、四十年两年亏损额高达1901万两，使银库库存分别比上一年下降了1006万两和895万两，为乾隆朝从来所未有。不过此表也显示得很清楚，正处于全盛时期的清王朝，当时应付此类例外用款还是绰绰有余，并不会为几千万两的军需而大伤元气。金川之役用银6000余万两，但除在三十八年和四十年给银库收支造成较大亏损外，其余年份，三十七年仅为小亏，头、尾年份及中间的三十九年则都还有较多盈余。总计6年的盈亏，银库库存比开始年份仅下降了400余万两，为总库存的5.4%。

金川之役军需的绝大部分不是靠动用银库库存，而是通过捐输等临时筹款办法来解决的。乾隆三十九年的川运军粮事例，即为此役而开。是例

---

[1]　另据《清史稿》卷125《食货六·会计》，第二次金川之役军需耗费7000余万两。

收捐多少虽不得而知，但当年银库收入即高达1759万两，远高过乾隆时期一般年份，应该不属偶然。当然还会同时采取其他多种办法筹措款项。金川之役的6年，银库平均每年收入银1373万两，比常年高出300万~400万两，比每年必要的常例支出则要多出约500万两。6年总计，可以多出2000万~3000万两应对例外临时支出。这些多出的盈余，加上一部分库存、事例收捐以及各省拨款，应该就是当时金川之役军需的主要款项来源。

  图4-2支出曲线的乾隆段还有若干超出常年的较小凸起，如十三年的1309万两、十九年的1651万两、二十二年的1239万两、三十二年的1246万两、四十七年的1436万两、五十九年的1267万两等；各该年的收支盈亏数亦均为负值，出现多少不等的亏损。这些年份，大多同乾隆时期的军事大战役相关，如乾隆十三年（1748年）是第一次金川之役最激烈的一年，十九年是第一次平准战役的头一年，二十二年正处在第二次平准战役及回疆之役期间，三十二年是缅甸之役等。乾隆帝一生好大喜功，频频对内对外用兵，尽管当时国力雄厚，例外开支的筹款来源多样而充足，亦不免在国库收支上留下印迹。四十七年虽不与重大战争相联系，但该年有多处大的河工及海塘工程，如河南兰阳河工、山东运河堤闸工程、湖北荆州江堤工程、浙江海塘工程等，都在这一年发生，总计用款近2000万两[①]，当然会对国库有影响。至于乾隆五十九年的高支出，则显然与乾隆末年社会矛盾日渐紧张、骚乱频生，以及水旱天灾不断有关。这一年，银库收入仅918万两，收支相抵亏损349万两。乾隆六十年，虽支出仅1075万两，但收入更下降到867万两，亏损208万两，反映出乾隆全盛时代年有盈余的宽裕财政，已经走到头了。

  不过，总的说，乾隆时期银库支出水平并不高，有数据的43个年份平均，不过1160万两；若剔除上面提到的几个特别年份的高支出数，则一般年份的支出平均只有1024万两。其时银库年均入款约计1200多万两，收支相抵，平均年盈余200多万两。正是这200多万两的年均盈余，应付了乾隆朝多次大的战争、重大工程及灾荒赈济等例外用款需要（当然还有其他筹

[①] 兰阳河工用款945万两，山东运河堤闸工程50万两，荆州江堤工程200万两，浙江海塘工程600万两，见《清史稿·食货六》及王庆云《石渠余纪》卷3，并参见张晓堂《乾隆年间清政府平衡财政之研究》，载《清史研究集》第7辑，光明日报出版社1990年版。

款时段），并使户部的银库库存从雍正末年的 3000 多万两增加到高峰时期的 7000 万~8000 万两（乾隆六十年时仍有 6939 万两）。清前期国家财政之宽裕，当以乾隆朝为最。

嘉庆、道光时期的银库支出，从图 4-3 看出，其变化情况与雍正、乾隆时期很不一样。整条曲线除嘉庆初年一段及道光二十一、二十二年一段向上凸起成山峰形外，其余部分只是围绕着大约 1000 万两的水平中线上下小幅波动，十分平滑。两朝数据分别平均，嘉庆朝有数据的 22 个年份的中值因受初年高支出的影响，为 1270 万两，去除这几个年份（嘉庆元年至五年）后则仅为 1007 万两；道光朝有数据的 25 个年份的中值为 1063 万两，去除道光二十一、二十二两年，中值为 988 万两。

嘉庆初年的支出曲线状似一个高高耸起的山峰：元年为 1854 万两，二年为 3517 万两，三年为 2515 万两，四年为 1795 万两，五年为 1312 万两，六年没有数据，至七年，下降到 897 万两。这几年，正是清王朝用兵川陕楚，镇压白莲教大起义时期。这是有清一代除康熙初年平定三藩、咸同时期镇压太平天国之外耗用军需最多之战役。为筹集军费及办理善后，清廷于嘉庆三年（1798 年）特开川楚事例且一再展延，到六年上半年犹未能停，直至七月，才因工赈事例开办而停止，前后收捐银多达 3000 余万两①，为"清代捐例规模最大入银最多者"②。然而是役耗用军费总额超过亿两③，远非川楚事例区区 3000 万两捐银所能济事，故其他方面的搜刮及动用银库库存均不可免。收入方面的搜刮挖潜，前文已经分析，嘉庆时期清王朝的全盛时代已经过去，正逐步走下坡路，筹款能力大受限制，故大幅增加收入几无可能。事实上，嘉庆元年的收入因受动乱影响，只有不足 600 万两；以后的年份，总体上也达不到其前朝代的水平。常例收入的增加既不可恃，事例筹款又不足以应付此次大役，唯一的出路自然就是动用以往的财政结余了。尤当嘉庆三年以前，川楚事例尚未开办，陡增的巨额支出几乎全靠乾隆朝留下来的 7000 万两左右银库老本来平衡收支。嘉庆元年，即白莲教起义爆发的当年，银库存银便从乾隆六十年的 6939 万两陡然下降到 5658 万

---

① 据魏源《圣武记（附录）》卷 11《武事余记·兵制兵饷》。
② 许大龄《清代捐纳制度》，（台湾）文海出版社 1984 年版，第 48 页。
③ 《清史稿》作 2 亿两，见该书卷 125《食货六》。

两，减少了 1281 万两；二年又下降到 2792 万两，减少 2866 万两；三年再减 873 万两，降到自清初平定三藩以来从未有过的 1919 万两的空前低水平；六年，为 1693 万两，比三年又少了 226 万两。此一轮银库库存剧降，到嘉庆七年才因川楚之役结束而告中止，于当年底小幅回升了 253 万两。从嘉庆元年到六年，银库存银总计减少了 5246 万两。银库存银减少的数字，即为支出大于收入的亏损数字。平均下来，战争期间银库每年收支的亏损额高达 870 余万两。这是整个清前期都少有的收不抵支、银库存银剧减的时代，几乎耗尽了乾隆留下来的巨额库存，对以后的清王朝财政产生了巨大的不利影响。

嘉、道时期银库支出曲线的另一次较大波动发生在鸦片战争期间，情况是：道光二十年支出 1031 万两，二十一年升至 1573 万两，二十二年稍降，但亦有 1352 万两，至二十三年重又回落到 1099 万两。从表面看，此次银库支出的变化就数额说并不太高，较之雍、乾时期的许多年份，只是稍高而已。但与当时一般年份的支出数相比，还是显得十分突出。尤其与其时已经很少能超过 1000 万两的收入水平相比较，更是足以引致巨额财政亏空的数字。表 4-5 是此期间银库收支及盈亏的统计。

表 4-5　鸦片战争期间银库收支及盈亏统计

单位：万两

年　份	收　入	支　出	盈亏
道光二十年	1035	1031	+4
道光二十一年	680	1573	-893
道光二十二年	1091	1352	-261
道光二十三年	792	1099	-307

表 4-5 显示：鸦片战争期间及战后一年，银库收支除道光二十年（1840 年）稍有盈余外，其余各年都是亏损，三年总计亏损银 1461 万两。其时银库库存，据道光二十三年四柱黄册，到年底结存银数为 993 万两。按此推算，道光二十年的库存银应为 2455 万两。此前，自嘉庆川楚之役以后，除极个别年份外，银库存银也始终维持在 2000 多万两的水平，少数年份还曾达到过 3000 余万两。然而经此一役，短短二三年就把本已是康熙中期以

来空前低位的银库库存又赔了一大半出去，仅余刚够维持一年正常支出、经不得任何风吹草动的存底①，鸦片战争一役对清王朝财政的打击，是可以想见的。

清王朝用于鸦片战争的军费、赔款以及战争期间的银钱财物损失合计，据研究，银数高达4500多万两②。这个数字，放在乾隆朝不算什么，但对于道光后期早已捉襟见肘的清王朝财政来说，实在是一个天文数字的损失。银库因此役而付出的库存代价，占了全部战争费用和损失的1/3。经过此役，传统的封建财政就完全成了强弩之末，任何意外之变发生，都足以使它破产。道光末年爆发的太平天国战争，就是明证。

除去上述两个特殊时段，整体来说，嘉庆、道光时期的银库支出，都还是比较平稳的，但收入的波动较大（参见图3-3），尤其是800万~900万两甚至更少的低收入年份不少，致使尽管支出数不高，还是经常出现赤字。表4-6是剔除川楚之役和鸦片战争两个特殊时期后，两朝一般年份的银库收支及盈亏情况。

表4-6　嘉庆、道光时期一般年份的银库收支及盈亏情况

朝　代	统计年份总数	赤字年份 数量	赤字年份 占总数%	盈余年份 数量	盈余年份 占总数%	平均收入（万两）	平均支出（万两）	平均盈亏（万两）
嘉庆朝	13	5	38.5	8	61.5	1115	1106	+9
道光朝	15	11	73.3	4	26.7	1048	1058	-10

注：本表统计的时间段为嘉庆九年至二十四年、道光元年至十九年和道光二十五年至三十年。该期间仅有收入数据或仅有支出数据的年份未计入在内。

表4-6说明，嘉、道两朝的一般年份，尽管支出数额不大，但由于收入的平均水平已经较雍正、乾隆时期大为下降，与必不可少的正常支出相差无几，收支之间的平衡仅仅能够勉强维持，经不得任何意外。从变化的

---

① 其实这也只是一个账面上的数字。道光二十三年发生的银库亏空大案揭露出，当时银库的实存银数，远远少于账面上的数字，详见后文。
② 参见周育民《晚清财政与社会变迁》，上海人民出版社2000年版，第77~81页。按此4500多万两中包括：军费2500多万两；赔款银元数折银1470万两；被英军掠夺的银钱财物折银约600万两。

趋势看，嘉庆朝的盈余年份还能超过赤字年份，各年盈亏的平均数亦为正值，尽管数额不大；而道光朝则赤字年份比重大大超过了盈余年份，平均盈亏也由正转负，财政状况显然比之嘉庆朝更加不如。

嘉、道时期勉强维持的财政并不是完全靠正常税收来支撑的。当时来自地丁、杂税及盐、关等税收的经常入款，仅够应付最基本的常例开支，稍有意外需款，便捉襟见肘，是以捐输等临时筹款办法，在这一时期被频繁使用，对支撑其时财政起了很大作用。如嘉庆朝，清代就曾有人议论说："嘉庆时捐例最杂，见之奏报可考者，三年有川楚善后例，六年有工赈例，九年有衡工例，十一年有捐输例，十二年有土方例，十五年有续增土方例，十九年有豫东例。今考吏部铨政别有筹备、武陟二班，列土方、豫东例前，亦必嘉庆时奏开无疑。然则十余年间，九开捐例，亦猥杂甚矣。"① 道光朝开办的事例亦不少，如道光七年（1827年）因运河高偃工程需款及为平息西北回乱筹饷开酌增事例，十三年因河工、军需、赈灾额外支款太多开筹备经费事例，二十一年为豫工筹款开豫工事例，三十年为赈灾开筹赈事例等。历次事例收取的捐银，少的数百万两，多的上千万两。如嘉庆朝事例，据不完全记载，川楚例收捐3000余万两，工赈例自嘉庆六年至七年九月收捐759万两，衡工例自八年至九年十月收捐740万两，连后续增共计收2100余万两，土方例收捐300余万两，续增土方收359万两，豫东例自十九年四月至二十年正月共收捐717万两②。此外还有勒派商人捐输，如嘉庆二十五年（1820年），淮商为河工捐输100万两；道光六年（1826年），淮商为军需河工捐输200万两；九年，广东洋商捐输河工银30万两，此前还曾另外为甘肃军需捐银60万两③，等等。道光时这种"商捐"最多，因其屡兴，已有商人不能如期完纳而不得不展限令缴的情形出现④。又事例之外的常例捐输，据《定例汇编》，从嘉庆二十一年至道光三十年，报捐监生共计20余万人。其时捐纳标准，由俊秀纳监银先为108两，道光七年后增至120

---

① 胡思敬《国闻备乘》卷2《捐例》。按胡此处所说有多处不确，如衡工例系嘉庆八年所开而非九年；土方例应为十三年开而非十二年；筹备例为道光十三年例，非嘉庆朝事例。
② 据魏源《圣武记（附录）》卷11《武事余记·兵制兵饷》，中华书局1984年点校本，第472页；罗玉东：《中国厘金史》上册，（台湾）文海出版社1979年版，第6~7页。
③ 分见《清宣宗实录》卷2，嘉庆二十五年八月己丑；卷110，道光六年十一月丙午；卷156，道光九年五月甲午。
④ 见《清宣宗实录》卷110，道光六年十一月丙午。

第四章 清代历朝的银库支出与收支盈亏分析 | 67

两,计可得银2000多万两,平均每年60余万,再加虚衔封典等捐纳,年入总额最少也有200万两。

捐输所收银,除户部捐纳房收入的全部入贮银库外,各省收捐银报解户部者亦为数不少。根据汤象龙先生研究,道光朝各省捐监收银的解部比例平均达52%①。因此在嘉、道时期,每年户部银库收入中的很大一个比例来自捐输。据专门研究过银库档案的罗玉东统计,嘉、道时期银库收入捐银最多的嘉庆七年,总计1149万余两的银库收入中,捐银数高达952万两,所占比例超过了82%②;道光朝情况则可以最后十年的银库捐输银收入为代表,如表4-7所示③。

表4-7 道光二十年至二十九年银库捐输收入及其占总收入的比例

年 份	银库总收入（万两）	其中捐输收入（万两）	捐输收入比例（%）
道光二十年	1035	249	24.1
道光二十一年	680	207	30.4
道光二十二年	1091	895	82.0
道光二十三年	792	382	48.2
道光二十五年	907	149	16.4
道光二十六年	904	174	19.2
道光二十九年	878	107	12.2
平　均	898	309	34.4

如表4-7所示,道光后期,银库总收入中的捐输款比例,最低为一成以上,最高达八成,平均计也占三成多。捐输款占到银库总收入如此之大的比例,其对当时中央政府财政的重要作用,自不可低估。不过,这也进一步说明,清前期的传统财政,已经快走到它的尽头了。

---

① 见汤象龙的《道光朝捐监之统计》,载1931年《社会科学杂志》第2(4)期。
② 罗玉东:《中国厘金史》上册,(台湾)文海出版社1979年版,第6~7页。
③ 银库各年捐银收入均据罗玉东《中国厘金史》,第7页。

第二节 咸丰、同治时期的银库支出与收支盈亏

咸、同时期是清前期的传统财政向多方面都发生了重大变化的清后期财政转变的过渡阶段，而此一转变，以发生在咸丰朝的一场空前的财政大危机为起点。

这场危机由道光三十年年末爆发的太平天国战争所引发，但是直到咸丰三年，才明显地表现出来。战争的头二年，清王朝财政仍在旧有的轨道上运行：朝廷命令相关各省对太平军围追堵截，户部则为前线筹粮拨饷，发挥其全国财政调度中心的作用。然而到咸丰二年底、三年初以后，随着战争范围扩大、硝烟四起，特别是随着太平军攻破江宁、遣师北伐并与清军在长江中下游展开激烈争夺，清王朝丧失了大片税源丰富的膏腴之地，旧有的库藏亦已差不多消耗殆尽，就再也不能按照常规来应付不断增加的军需开支，终于陷入了一场前所未有的财政大危机。是年六月，户部奏陈其时财政的窘迫情形说：

> 自广西用兵以来，迄经三载，经臣部奏拨军饷，及各省截留筹解，已至二千九百六十三万余两。……粮台之设，至六七处之多，请饷纷纷，日不暇给。……军需迫不待时，指款悬而无薄（着？）。被兵省份既已无可催征，而素称完善之区，如江苏则请缓征，山东则早请留用，山、陕、浙江皆办防堵，是地丁所入，万难足额矣。扬州久被贼占，汉口疮痍未复，淮南全纲不可收拾，是盐课所入，去其大桩矣。芜湖、九江、江宁、凤阳先后被扰，夔关、苏关商贩亦多裹足，甚至崇文门亦请尽收尽解，是关税所入，仅存虚名矣。此皆常年所指为例拨者，今以尽供军需，犹虞不足。于是约征不可恃，乃借助于捐输；捐输不可恃，乃乞恩于内帑。近来捐输之数，业已大减于前；内帑所藏，亦复不敢轻议。此外补苴之术，如停养廉、开银矿、提当本、收铺租，凡臣等管见所及，与在京臣工陈奏各事宜见之实行者，不下数十款，或只宜一试，或收效尚迟。有尽之经营，断不能给无厌之吁请。……现在户部银库，截至本月十二日止，正项待支银仅存二十二万七千余

两。七月份应发兵饷，尚多不敷……①

在走投无路、万般无奈之下，户部从这年起便放弃了它作为全国财政调度中心的角色，放任各省及统军将领去自筹饷项；在京内，则于大力节缩开支的同时，开始采取铸大钱、发官票、印宝钞等一系列非常规的金融货币手段，以应对外省解款再难指望的危局，力求财政自保。这场危机，虽然其间严重程度有所不同，但直到同治初年太平天国被镇压，才算基本过去，前后持续了十余年之久。

咸丰时期的户部银库支出，有数据记录及可以通过已知数据进行推算的共计9个年份，各年情况的相关统计如表4-8、表4-9、表4-10所示。

表4-8 咸丰朝银库历年大出银、钱统计

年 份	银（万两）	钱（万串）				
^	^	钱	京票钱	宝钞	尾零对条钱	钱数合计
咸丰二年	1027	84	—	—	—	84
咸丰三年	847	137	—	—	—	137
咸丰四年	503	304	783	—	—	1087
咸丰五年	(323)	—	—	—	—	(1369)
咸丰六年	270	52	795	441	0.0154	1288
咸丰八年	306	63	1136	151	0.0267	1350
咸丰九年	381	70	1398	212	0.0043	1680
咸丰十年	(728)	—	—	—	—	(1111)
咸丰十一年	633	17	17	16	0.0182	50
平 均	558	104①	826②	205③	0.0162③	906

注：表内带（ ）号之数系据各年大进数与其上年末库存及本年末库存各数推算得出（咸丰五年末库存见六年四柱册，十年末库存见十一年四柱册）。咸丰九年各项钱数四柱册记载与大出册不同，本表据大出册。
① 按7年平均。
② 按5年平均。
③ 按4年平均。

---

① 咸丰三年六月十六日管理户部事务祁寯藻等奏，载《中国近代货币史资料》第一辑上册，中华书局1964年版，第175~177页。

表 4-9　咸丰朝银库历年大出银、钱总数及其中银、钱各占比例

年　份	银、钱合计（万两）	大出银 数量（万两）	大出银 占银钱总数比例（％）	大出钱 折银数（万两）	大出钱 占银钱总数比例（％）
咸丰二年	1111	1027	92.4	84	7.6
咸丰三年	984	847	86.1	137	13.9
咸丰四年	1047	503	48.0	544	52.0
咸丰五年	(1008)	(323)	32.0	(685)	68.0
咸丰六年	914	270	29.5	644	70.5
咸丰八年	981	306	31.2	675	68.8
咸丰九年	1221	381	31.2	840	68.8
咸丰十年	(1284)	(728)	56.7	(556)	43.3
咸丰十一年	658	633	96.2	25	3.8
平　均	1023	558	54.5	466	45.5

注：钱数折银，咸丰三年以前按 1∶1，四至十一年按 2∶1。

表 4-10　咸丰朝银库历年实银支出及其在支出总数中的比重

单位：万两

年　份	大出银钱总数	大出银总数	实银 数量	实银 占大出银钱（％）	实银 占大出银（％）
咸丰三年	984	847	39.9	4.1	4.7
咸丰四年	1047	503	20.7	2.0	4.1
咸丰五年	(1008)	(323)	15.4	1.5	4.8
咸丰六年	914	270	17.4	1.9	6.4
咸丰八年	981	306	23.2	2.4	7.6
咸丰九年	1221	381	16.1	1.3	4.2
咸丰十年	(1284)	(728)	15.1	1.2	2.1
咸丰十一年	658	633	15.2	2.3	2.4

资料来源：历年支出实银数据抄档；同治四年三月十三日户部左侍郎皂保奏折所附清单。

咸丰朝银库的"银"、"钱"支出数字，如同当时的收入数字一样，银数并非全是实银，而是实银以及各种以银两为单位的官银票通通混算在一起；钱数亦非过去的制钱，而是包括了各种铜铁大钱、京票钱、宝钞钱等一切以"钱文"为计量单位的货币其内。这些"银"、"钱"，在当时严重的通货膨胀之下，其实际价值并不能与其表面数字相等同，而只不过是用

第四章 清代历朝的银库支出与收支盈亏分析 | 71

于记账的货币符号而已。尽管如此，从表4-9可以看出，虽然这里将银、钱合计数作为支出总额，但与以前历朝相比，支出的规模还是大大缩小了，即便是与支出规模已经很小的道光朝相比也不如①。这样的支出规模，也就是仅够维持京师各项必不可少的常例开支，而且是大为缩水的常例开支。这就表明，在咸丰时期，户部所管的财政已经变成只求保证京师用款的财政，过去那种每到军兴时期，户部作为全国财政中枢，尽管银库收入减少，但支出反而较常年加大，以应对京外用款的财政，已经不复存在。这是咸丰时期银库支出上不同于以往的一个很大特点。

另一个不同点是银、钱比例。咸丰以前各朝，银库支出均为以银为主，钱文主要用于军饷搭放，每年不过数十万串到百余万串，占总支出的比例仅为10%左右。而在咸丰时期，除最初三年外，银库支出中钱的比例大大上升了，咸丰四年到九年均占总支出的一半以上，六年到九年甚至高达70%左右，直到大钱停铸、宝钞停发，通货膨胀政策破产，才于咸丰十一年降了下来。与之相对应，银的支出在咸丰四年以后处于次要地位，比例最低时仅占总支出的三成。银库支出中银、钱比例的倒置，是咸丰时期各省解款不到，不得不实行非同常规的货币手段的结果，反映了其时财政危机的严重和深刻。

然而最能反映其时财政危机严重程度的还是总支出中的实银比重。由表4-10看出，无论按支出银钱总数计算还是单按银两支出数计算，其中的实银比例都是非常低的，历年均只有百分之几，几乎可以忽略不计。这说明，当时的银库，实在只是一个空壳，近乎一无所有；如果不是用大量铸造铜铁大钱及发行纸钞来支撑，早就破产了。咸丰时期，各省解运的京饷非常之少，即便在咸丰六年将拨款方式改为定额摊派以后，也依然如此。如同治二年十一月有上谕说：历年京饷，"惟山西年清年款，他省多不能依限报解，且有逾限不解者"②。解运到部的京饷，也并不都是实在银两。其时京内外官发钞票，规定与银钱等值，民间缴纳赋税官府搭收，各省解部亦可按一定成数搭解。而实际情形却是各地州县于收税时往往拒收钞票，上解税款却普遍仍按规定成数，以贱价购买纸钞搭解，"银、钞兼行"，"民以制钱二千交官，官则以制

---

① 康、雍时银库每年进出除银外，另有制钱数十万串，乾隆以后增至百余万串，因此当时银库的进出规模，如果银、钱合计，当再各增加数十万两到百余万两。道光朝银库年均支出银1063万两、钱115万串，统一按银两计的银钱总支出为1178万两。
② 《清穆宗实录》卷85。

钱八九百文易票解部"①。可见当时银库收入的外省解款，很多也是钞票。

咸丰时期的银库收支平衡情况如表 4-11 所示。

表 4-11 咸丰朝银库历年出入盈亏统计

单位：万两

年　份	大进总计	大出总计	盈　亏
咸丰二年	979	1111	-132
咸丰三年	564	984	-420
咸丰四年	1045	1047	-2
咸丰五年	(996)	(1008)	-12
咸丰六年	1066	914	+152
咸丰九年	1558	1221	+337
咸丰十年	(944)	(1284)	-340
咸丰十一年	712	658	+54
平　均	983	1028	-45

从表 4-11 看出，当咸丰三年以前尚未大力实行大钱及票钞政策时，银库收支一直处于亏损状态，尤以三年为最②，亏损额高达银 420 万两。从四年以后，依靠着大钱及票钞的支撑，账面上的情况有所好转：四年、五年均亏损不多，六年、九年、十一年转为盈余；十年比较特殊，亏损 340 万两，当与该年英法联军攻入北京，咸丰帝北逃热河有关。各年平均，仅总计亏银 363 万两，平均每年 45 万余两。

咸丰时期的财政危机大体到同治初年，随着第二次鸦片战争结束以及南方战场上对太平军作战的形势向着有利于清军的方向转变而趋于缓解。不过，即便到了此时，如同上引二年十一月上谕所说，各省仍多不能如期报解京饷。缺乏稳定的收入来源，是户部银库直到同治初年依然面临的一个大问题。据同治四年三月十三日户部左侍郎皂保奏折所附清单提供的数据，同治朝的头三年，银库支出中的实银，元年为 19.4 万两，二年为 11.8 万两，三年为 17.4

---

① 分别见中国人民银行总行参事室金融史料组编《中国近代货币史资料》第一辑上册，中华书局 1964 年版，第 429 页：咸丰四年十月二十七日给事中蒋达片，同上书第 452 页：咸丰六年十二月初七日御史李鹤年奏。

② 咸丰三年已经开始铸造大钱，官票亦已发行。发行宝钞要晚一些：是年十一月户部奏呈《宝钞章程》18 条，二十四日经内阁明发上谕实施，然而到十二月初，户部才造出样钞呈准，发商承领，正式在京师发行。

万两，与咸丰时期没有多大差别。这三年的银库总支出，只有同治二年的数据，据银库大出黄册，该年银库支出银数共计726万余两，当年的实银支出，仅占总支出银数的1.6%，其缺乏现银的情况并不好过咸丰时。

不过至晚到清王朝终于平定太平天国，基本结束了战争之后，户部银库的危机就大体过去了。表4-12是同治四年至六年银库收支的统计。

表4-12　同治朝银库历年银钱出入盈亏统计

年 份	大 进		大 出		盈 亏	
	银（万两）	钱（万串）	银（万两）	钱（万串）	银（万两）	钱（万串）
同治四年	850	19	835	18	+15	+1
同治五年	858	14	824	16	+34	-2
同治六年	1235	15	1029	15	+206	0
平 均	981	16	896	16.3	+85	-0.3

从表4-12的各项数字看，这三年中，银库的收支均已为盈余，而且收支的规模也在回升，反映出整体财政状况的好转。

清王朝在取得了对太平天国的胜利以后，开始逐步恢复各项常规的财政管理制度，力图对失控已久的各省财务重加监督和控制，以保证京师用款的收入来源。同治三年（1864年）七月，清军刚刚攻破金陵不久，就由户部奏准，发布上谕，命各省将战争期间的军需用款开单奏明，并规定"自本年七月起，一应军需，凡有例可循者，务当遵例支发，力求撙节；其例所不及，有应酌量变通者，亦须先行奏咨备案，事竣之日，一体造册报销"[①]。各省钱粮的每年造册报拨及对户部解款，也逐渐恢复常规。同治六年起，京饷指拨由原来的每年700万两增加到800万两。创自战争期间由地方自行征收的厘金，经户部一再奏催，各省从同治八年后开始逐年向户部报告收入数目。此项新增税收，据各省的报告，当时全国总收数已达1400万～1500万两[②]，为仅次于地丁的第二大税入。厘金之外，海关税收自从第二次鸦片战争结束、新海关在各口设立，也开始快速增加，同治末达到了每

[①]《清穆宗实录》卷108，同治三年七月戊申。
[②] 见罗玉东《中国厘金史》下册，附录一，第四表"历年全国厘金收数"，（台湾）文海出版社1986年版，第469页。

年1100余万两①。此项税收，各省对其控制的能力不如厘金，尤其最初用于对英法赔款的"四成洋税"，同治五年赔款偿清后，便作为专款解部，成为银库收入的一个稳定进项。上述种种，加之各地次第平定，地方财政不再紧张，已有能力增加对中央的解款，户部银库的收支到同治中后期，就完全度过了咸丰以来的危机局面，而进入了一个新的时期，是可以判定的。

第三节 光绪时期的银库支出与收支盈亏

光绪朝的银库支出数据，同收入数据一样，只有不多的几个年份保留下来（见表4-13）②。

表4-13 光绪朝银库历年银钱出入及盈亏统计

年 份	大 进		大 出		盈 亏	
	银（万两）	钱（万串）	银（万两）	钱（万串）	银（万两）	钱（万串）
光绪九年	1564	23	1385	40	+179	-17
光绪十七年	1927	139	1712	159	+215	-20
光绪二十三年	2328	34	2484	52	-156	-18
光绪二十四年	2880	44	2920	63	-40	-19
光绪二十五年	2445	37	2453	34	-8	+3
平 均	2229	55	2191	70	+38	-14

资料来源：本表各数，均据四柱册。光绪二十三年至二十五年的大进、大出册数据，与四柱册数颇多歧异。据大出册，光绪二十三年银库收入银1937万两，与另外开列的四成洋税、边防经费、筹备饷需银合计则总数为2299万两；支出银1932万两，加另列之上述3项经费，则总数为2389万两。光绪二十四年，收入银2395万两，加另列之3项经费为2757万两；支出银2214万两，加另列3项为2756万两。光绪二十五年，收入银1887万两，加另列3项为2347万两；支出银1945万两，加另列3项为2382万两。

由表4-13可看出，光绪朝的银库支出，不仅与咸、同时期不同，与清

---

① 见汤象龙《中国近代海关税收和分配统计》《全国海关历年各项税收统计总表》，中华书局1992年版，第63~68页。
② 光绪朝的支出数据，除表4-13所列5个年份外，光绪五年数亦存，不过该年大出册已残，缺失11月整月之数，12月数虽已据细数补出，仍不完整，加之该年无收入数据，是以未加开列。

前期也已大有区别。首先是支出规模不一样了。清前期的银库支出，除逢到重大事件，个别年份有高额支出现象外，一般年份多在千余万两左右。而光绪朝的银库支出，初年就已在清前期的一般年份水平之上，中期以后更远超过清前期，达到了每年 2000 多万两。支出规模变大，还同时伴随着收入的相应增加。表 4-13 中，光绪九年、十七年的支出虽在高位，但收支相抵仍有盈余；二十三至二十五年，支出达到 2000 多万两水平，而收支相抵后的亏损额却并不很大，这在清前期的银库收支中是很少见到的，说明光绪时期银库支出规模的增大是稳定、常态的增大，而不是一种临时的异常状态。

其次是支出内容也变化了。清前期银库常例支出就大的项目说不过官俸、兵饷、京师各衙门公费饭食、胥役工食等有限几种，每年最多不过 800 万～900 万两，是以连同临时意外支出，一般年份的支出额也就是千余万两。但光绪朝已经不同。下面以光绪二十三年（1897 年）的四柱黄册为例来观察晚清时期银库支出的变化（见表 4-14）。

表 4-14　光绪二十三年银库金银钱四柱

	旧管	新收	开除	实在
金（两）	189.929	—	—	189.929
祖宝样银等项银（两）	31401.000	—	—	31401.000
内库实存银（两）	1095900.000	—	—	1095900.000
外库实存银（两）	366499.322	15540823.594（库平）	15142508.129（库平）	764814.787
四成洋税银（两）	430106.036	102317.236	280000.000	252423.272
边防经费银（两）	899084.208	1865000.000	1792472.893	971611.315
筹备饷需银（两）	1870000.000	1652260.000	2500000.000	1022260.000
新海防捐项银（两）	354654.496	944593.652	636091.201	663156.947
备买铜铅银（两）	506883.132	274109.384	362000.000	418992.516
放二两平扣回六分平银（两）	434268.143	977064.384	942000.000	462332.527
火器新捐银（两）	40000.000	—	40000.000	—
海军经费银（两）	41182.564	305511.000	316149.322	30544.242
各省土药税厘银	50393.289	564215.915	614000.000	609.204

续表

	旧管	新收	开除	实在
海防经费银（两）	86725.035	230000.000	292000.000	24725.035
备荒经费银（两）	180250.000	108372.367	152372.367	136250.000
购买海军船械银（两）	556532.799	—	556532.799	—
铁路经费银（两）	75000.000	310000.000	375000.000	10000.000
菩陀峪万年吉地工程银（两）	862437.286	—	406000.000	456437.286
筹备军饷银（两）	71928.908	209076.157	278562.908	2442.157
新建陆军月饷银（两）	—	200000.000	150000.000	50000.000
钱（串）	687602.644	341024.940	517130.821	511496.763

由表4-14可看出，晚清光绪时期，银库四柱册的内容与以前朝代的四柱册相比有了很大不同。以前的四柱册十分简单，在旧管、新收、开除、实在四项之下，通常只按金、银、钱等货币种类分目（乾隆中期以后至道光朝的四柱册均只有银、钱两目），分别开列其数量，而并不开列银数或钱数中所统计的内容。光绪朝四柱册则在旧管、新收、开除、实在四项下开列的条目很多，其中除传统四柱册的银、钱区分外，银的条目又具体区分为库平银（此目在旧管及实在项下均作"外库实存银"）、四成洋税银、边防经费银、筹备饷需银等许多经费种类，均分别开列其四柱数目。通过这些详加区分的具体经费条目，我们可以观察到晚清时期银库收支不同于以往的一些变化。

光绪朝四柱册新收及开除两项之下"库平银"一目所包括的，就是以往银库收支中常例部分的内容。各省每年对银库的解款，除专项经费及专款单独开列外[①]，其他均计入在新收项下的库平银数之内；而京师王公宗室百官俸银、旗绿各营兵饷、各衙门公费饭食并一切行政经费、胥役工食、各种杂支等传统的常例支出，则通通计入开除项下的库平银数之内。从表4-14可看出，光绪二十三年银库的这一部分收支数字，与清前期相比要

---

① 也不是所有专项经费都单独开列，如固本京饷（66万两）、加放俸饷（120万两）、加复俸饷（26万两）、旗营加饷（133万两）就不另外列出，而应与800万两的原、续拨京饷一起统计在"库平银"之内。

多一些，反映了当时银库收支中"传统"部分的规模，随着京师各项用费的增加，也有所扩大。这一部分收支，光绪九年为收 1127 万两，支 1162 万两；十七年为收 1425 万两，支 1305 万两；二十三年为收 1554 万两，支 1514 万两；二十四年为收 1836 万两，支 1801 万两；二十五年为收 1454 万两，支 1526 万两。

"库平银"之外单独开列的为新增专项经费。这些经费，如前文已经介绍的，只有个别的是同治时期所设，其他绝大部分都是光绪时新增出的。这些经费的收入来源，一般不外厘金、海关税、鸦片税厘等清后期的新增税收，每年由户部向各省及海关指款派解，体现了其时财政以旧有入项用于传统常例支出，而以新增入款应对新增支出的原则；也有得自捐输这一传统筹款方式的，如新海防捐项银等。

就用途而言，这些经费大部分是为国防及军事开支所设，如边防经费银、筹备饷需银、新海防捐项银、火器新捐银、海军经费银、海防经费银、购买海军船械银、筹备军饷银、新建陆军月饷银等，从其名目便可知其用途。光绪二十三年，上述各经费共计收入 541 万两，支出 657 万两，分别占单列经费总收入（774 万两）和总支出（970 万两）的 69.9% 和 67.7%。新增经费大部分用于国防及军事用途，反映了光绪时期中央财政支出上的特点。

单列经费中的其他项目，备荒经费属社会救济性质，设于光绪九年，由各省每年分摊筹解 12 万两。此款各年支出无多，如光绪二十三年仅支出约 15 万两，二十四年支出 7 万两，二十五年更只有 4 万两。铁路经费是银库新增支出中唯一用于经济建设的项目。此款最初是光绪十五年为筹筑芦汉铁路（京师芦沟桥至湖北汉口）设立的，当时议定每年总额 200 万两，其中由部库筹给 120 万两，各省分摊 80 万两。十七年，芦汉路缓办，款项转用于关东铁路，各省仍按每年 80 万两额数报解部库。"放二两平扣回六分平银"为光绪二十年户部因筹办慈禧太后六旬庆典及甲午战费，库帑艰难，采取减平放款办法所节省的平余银。所谓减平放款，就是银库在放款时将应支库平银一两者改按京平一两支给，计每两可以扣回六分平余。此项节省下来的放款平余（主要来自京师王公宗室及百官俸廉），自甲午后便作为专款提扣，单独收支，每年约计在 100 万两。

"菩陀峪万年吉地工程银"是为慈禧太后兴建其百年后归宿的专款，属于皇室供应。此款，据四柱册，银库于光绪二十三年支出 40 万余两，二十四年支出16万余两，二十五年支出28万两，三年总计支出85万多两。此种由银库供支内廷的经费，历朝都有，但在晚清慈禧太后当政时期特别多，不过，并不一定都在账面上反映出来，许多是混在其他项目之下开销的。如光绪甲午前慈禧太后为修建颐和园曾经挪用过大量海军经费一事尽人皆知，但究竟挪用了多少，不可能在账面上明示出来，以致至今还是晚清宫廷史、财政史研究中一个聚讼纷纭的话题。晚清时期由户部为内廷筹办的经费，有常例的，也有临时的；有由部库支出的，也有户部向各省指拨、直接解交内务府的。由部库作为常例支出的有"陵寝供应"和"交进银"两项，都是光绪十年户部奏准更定会计科目时明确规定的常例岁出项目。据刘岳云《光绪会计表》，从光绪十一年到二十年，陵寝供应支出最高年份为47万两，最低为3万余两，10年中共计支出158万余两；交进银，光绪十二年为14万两，十三年至十七年每年18万两，十八年至二十年每年28万两，9年中共支出188万两。常例之外的临时供支，如光绪帝大婚（光绪十四年）、慈禧太后修建颐和园、六十庆典（光绪二十年）以及甲午后银库四柱册中作为专项经费收支的此项"菩陀峪万年吉地工程银"等，都没有确定的数目而完全视内廷的用款需要及户部的筹款能力，有的多达数百万两乃至更多。由户部向各省指拨而不经由银库收支的也有经常的和临时的之分。前者即同治五年（1866年）起向各省指拨派解的"内务府经费"，最初为每年30万两，后经同治七年、光绪六年两次添拨，达到每年110万两。临时的如光绪帝大婚，除由部库筹拨银350万两外，还另向外省筹款200万两。皇室经费膨胀、内廷与外府界限不清，是晚清财政的一个突出现象，也是研究其时银库收支不能忽视的重要问题。

　　以上单独开列的专项经费，加上旧有常例项目下的支出，使光绪时期银库的支出规模较之清前期大为膨胀。光绪中后期，约比清前期的平均水平增出一倍以上。那么在支出不断膨胀的情况下，光绪朝银库的收支平衡情况如何呢？从表4-13看出，有数据的5个年份中，甲午（1894年）战前的两个年份分别有179万两和215万两的盈余，而甲午后的3个年份则均为亏损，其中亏损最多的光绪二十三年为156万两，其他两年则分别为40万两和8万两。由于统计数据太少，难以做出趋势性的分析，不过有一点可以肯定，即光绪朝的银库收支与其时全国财政总的情况一样，在甲午前应该是大体能够做到收支平衡且略有盈余的；而甲午以后，由于战前备战及战后赔款所借外债的偿本付息支出高达每年2000多万两①，除户部筹措一部分外，其余部分都分摊到各省②，致使各省财政紧张，无力完成对户部的解款，从而影响了户部收入，银库的收支乃与各省一样同趋支绌。光绪二十五年（1899年）九月，户部奏陈其时包括部库在内的财政艰窘情形说：

> 窃惟方今用款，外莫大于洋债，内莫大于军饷。洋债一项，近年应还银二千余万。除前借俄法、英德及续借英德各款已派各省分摊，及由七处厘金作抵，并拟另案加拨镑价不敷外，尚有汇丰、克萨各款未令各省分摊，亦无的款作抵，计每年约短银二百余万。又军饷一项，近年应支银三千余万。各省制兵、防勇由本省供支及外省协济外，惟北洋武卫左、右两军，京旗虎神、骁骑、护军等营，自添练以来，均在部库食饷，部库按月筹垫，计每年多支银三百余万。③

为缓解财政紧张局面，甲午之后，清政府想尽了一切办法筹款，如提扣京内外官员俸廉三成、放款减平、裁减局员薪费、裁减制兵、停放官兵米折以节省经费，实行各省盐斤加价、茶糖加厘、重抽烟酒税厘、土药加捐、土药行店捐银、当商捐银以增加税收，整顿厘金、考核钱粮以挖潜归公，等等。光绪二十四年，在甲午息借商款之后，又一次尝试发行内债即昭信股票。同年四月又发布上谕，令各省对财政"认真整顿，裁汰陋规，剔除中饱，事事涓滴归公"④。不久，复派协办大学士、兵部尚书刚毅到江苏、广东等南方省份去筹款。这些为克服财政危局而想出的办法，反过来也证

---

① 据《国债辑要》一书的统计，清政府在1894~1898年向上海洋商、汇丰银行所借4笔与甲午战费有关的借款连同战后的俄法借款、英德借款、英德续借款合计，每年偿债支出为2518.5万两，见中国人民银行参事室编《中国清代外债史资料（1853—1911）》，中国金融出版社1991年版，第230页。

② 如俄法、英德两笔借款，户部核算一年应还1200万两，其中由部库在西征洋款改为加放俸饷、新筹盐斤加价及广东闱姓捐输3款内凑抵200万两，下余1000万两"派令各海关分认五百万两，各省司库分认五百万两"，见光绪二十二年五月户部折，载《光绪政要》卷22，第15~17页。

③ 朱批奏折：光绪二十五年九月十四日户部折。

④ 《光绪朝东华录》，光绪二十四年四月二十八日。

明了当时财政局面的严峻。

与甲午战争及战后赔款相联系的外债除以关税担保外，因所借太多，还有一部分（瑞记借款、克萨借款、英德续借款）是用厘金、盐厘、盐课这些地方财政的重要收入来担保的。俄法、英德借款的大部分也都是分摊到各省去筹措。各省财政承担偿还外债的任务必然影响其对部库的解款。实际情况也是：甲午战争后，各省拖欠甚至不解京饷及各专项经费的现象变得更加严重了，"任意积欠，频催罔应"①。据光绪二十五年户部开列的一份清单，光绪二十四年，各省及海关奉拨应解部库的京饷等银共计1779万余两，而至年底，仅实解到526万余两，即连报解起程未到之数合计，亦不过644万余两；余银除划拨、截留125万余两外，实未解数达1008万余两②。对现存甲午后3个年份银库四柱黄册另开列的各主要专项经费的统计也证实了这一情况（见表4-15）。

表4-15　甲午后中央专项经费实解情况

单位：万两

专项经费	定额	各年实解 光绪23	各年实解 光绪24	各年实解 光绪25	实解占定额比例（%）光绪23	实解占定额比例（%）光绪24	实解占定额比例（%）光绪25
东北边防经费	200	186.5	180.4①	248.8	93.3	90.2	124.4
筹备饷需	208	165.2	174.1②	174.7	79.4	83.7	84.0
海军海防经费	400	53.6	56.1	50	13.4	14.0	12.5
备荒经费	12	10.8	15.5	5.8	90.0	129.2	48.3
新建陆军月饷	100	20	15	53	20.0	15.0	53.0
铁路经费	80	31	26.9	18.2③	38.8	33.6	22.8
船厂经费	60	—	14	80.5		23.3	134.2
合　计	1052	467.1	482	631	44.1	45.5	60.0

注：①包括另收过的边防经费银元8万两在内。
②包括另收过的筹备饷需银元7万两在内。
③包括另收过的铁路经费银元2.3万两在内。
④年份以阿拉伯数字表示。

---

① 朱批奏折：光绪二十四年八月十七日户部折。
② 军机处录副奏折：光绪二十五年户部清单。

各省严重拖欠中央解款,财政困难、无力筹解自是主要原因,但毫无疑问也是晚清时期各省独立性增强,中央权威不再、指挥不灵的反映。此点,前面已经说得很多了,不再赘述。

晚清时期银库的收支规模,尽管随着同、光时期许多新的经费项目的增出而扩大了,但其占当时整个国家财政收支的比重与清前期相比其实是大大降低了。清前期的财政规模,在其鼎盛时代的乾隆朝,全国岁入银为4000万~5000万两;岁出常例部分在3500万两左右(乾隆三十一年数,见《清史稿·食货六》),加上各种临时开支,每年约为4000多万两。其时银库收支,平均为每年1200万两左右,乾隆朝银库的出入规模至少也要占到全国财政的1/4以上,支出甚至可以占到全国岁出的30%(按全国4000万两岁出算)。

而在晚清时期的光绪朝,按笔者前文的估计,其时银库收入在甲午前大约只占全国实际岁入的13.7%,甲午后更下降到了12.1%左右。那么支出占多少?当时的全国岁出,据刘岳云《光绪会计表》,甲午前10年间约在7000万~8000万两,其中光绪十三年、十四年两年均超过8100万两,甲午当年为8028万两[①]。哲美森的《中国度支考》则估计甲午前夕的全国岁出总数为8898万两[②]。甲午后至庚子前,赫德的估计数为1亿两左右[③]。赫德这个数字,其实与刘岳云的数字差不多,他将战前的支出数估算为7000多万两,加上战后增加的2400万两债款支出,遂达到1亿两。然而正如笔者已经指出的,这些当时人的估计或文献记载均存在着不计算各省不报告户部的外销款数字问题,因而不能解释为什么光绪末清理财政时,会突然冒出来高达2亿多两的收支数字。按笔者估计,甲午战前,全国财政的实际岁出规模,即算上那些各省自己核销不报告户部的支出,与岁入一样,应不低于1.4亿~1.5亿两;甲午后到庚子前夕,则很可能已经接近2亿两了。按照这个估计,甲午前,如果银库的年支出数按光绪十七年的1712万两算,全国数按14500万两计,则银库支出占全国岁出的比例为11.8%左右;甲午后到庚子前,银库支出按3个统计年份的平均数2619万两计,全

---

① 见刘岳云《光绪会计表》卷1《入项总表》,教育世界社光绪二十七年印本,第1~5页。
② 哲美森《中国度支考》,光绪二十三年上海广学会铅印本,第25页。
③ 参见中国近代史资料丛刊编辑委员会主编《中国海关与义和团运动》,中华书局1983年版,第65页。

国数按 20000 万两计，则银库支出占全国岁出的比例为 13.1%。比之清前期，晚清银库收支在全国财政总收支中的比重无疑是大大下降了，而这种下降，正是其时随着地方财政的形成和规模不断增大，中央财政的地位和重要性降低的反映。

第五章
清代历朝的银库库存变化

第一节 康熙至道光时期的银库库存

清代各朝的银库库存与银库收支密切相关。作为传统自然经济时代国家财政资金的存储场所和流转阀门,银库每年收进京内外解送户部的所有款项,支出中央财政的各项经费。当收支有余时,多出的款项便形成库存;当收不抵支时,收支有余年份形成的库存便被用作财政准备金去弥补亏空,如此循环往复,以保证中央财政的正常运转。因此历朝银库库存的变化,是观察其时财政状况的准确标尺:银库库存充裕的朝代,必是财政状况良好,应对突发事件及各种意外的能力较强,不至于因一时的收不抵支便财政运转失灵的朝代;相反,银库库存低下的朝代,必是财政窘迫,稍有意外开支便会周转不灵,难以应对,甚至因不得不进行例外搜刮而激化社会矛盾,造成社会震荡的朝代。清王朝从其建立起对全国的稳固统治,直到清末接近灭亡时期的兴衰演变,都可以从各朝银库库存的变化中,得到它的财政侧面的反映。

清前期从康熙朝有银库库存记录的康熙六年(1667年)起至道光二十三年止,银库库存的历年变化情况分别如表5-1和图5-1所示[①]。

[①] 本时期的银库库存数据,从雍正元年至乾隆四十二年是完整的,55年一年不缺。其他时期122年中,数据时断时续,总计只有60个年份的数据。为作图方便,对中断的年份在数据上做如下处理:凡中间只空缺一年者,以前后两个年份的平均数作为该年库存;凡空缺多年者,将前后两个年份的差值做均等划分(即以空缺年份数加1,用其和数去除此差值),以等额递增或递减的数据补上各空缺年份。

表 5-1　康熙至道光朝标志性年份的银库库存

单位：万两

年　份	库　存	年　份	库　存	年　份	库　存
康熙六年	249	雍正十三年	3453	嘉庆元年	5658
康熙十二年	2136	乾隆元年	3396	嘉庆二年	2792
康熙十七年	334	乾隆十三年	2746	嘉庆六年	1693
康熙二十五年	2605	乾隆十五年	3080	嘉庆九年	2165
康熙三十年	3185	乾隆二十年	4300	嘉庆二十五年	3121
康熙三十三年	4101	乾隆二十三年	3638	道光元年	2749
康熙五十八年	4737	乾隆二十七年	4193	道光六年	1758
康熙六十一年	2716	乾隆二十九年	5427	道光七年	3001
雍正元年	2361	乾隆三十年	6034	道光八年	3348
雍正二年	3163	乾隆三十三年	7182	道光十二年	2569
雍正三年	4043	乾隆三十六年	7894	道光二十二年	1301
雍正五年	5525	乾隆四十二年	8182	道光二十三年	993
雍正八年	6218	乾隆六十年	6939		

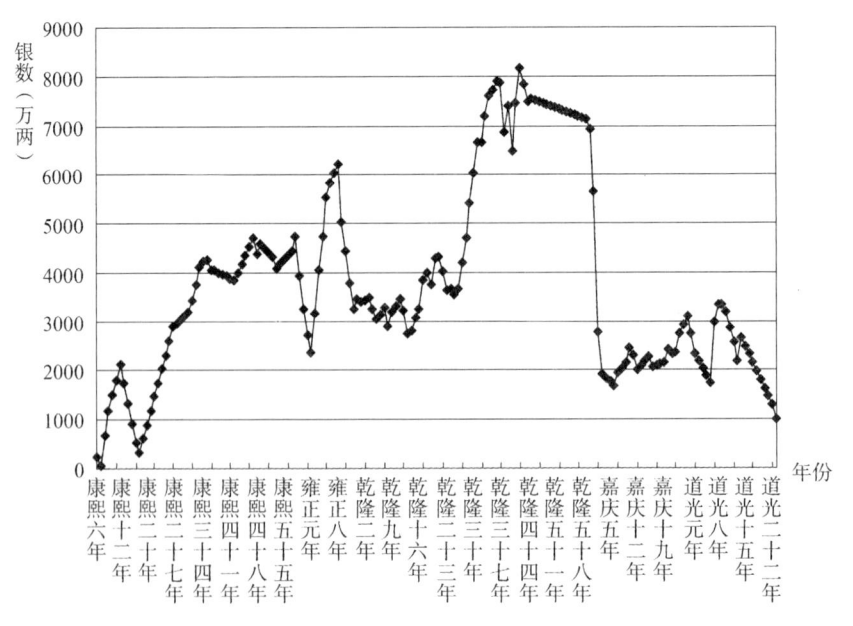

图 5-1　康熙至道光朝银库库存变化

表5-1及图5-1显示：不计暂时的曲折，从康熙到乾隆，银库库存的变化走势总体是向上的，而以乾隆三十年代中及四十年代初的8000万两上下为其最高水平。嘉庆以后，银库库存从乾隆末的7000万两左右高位急剧跌落，一直到道光朝，大部分时间都在2000万～3000万两的区间波动，道光后期更减少至不足1000万两的水平。可见，与清王朝国势的兴衰一样，清前期的银库库存变化，也可以分为康熙至乾隆时期及嘉庆至道光时期两个明显不同的阶段。

　　前一阶段，清王朝从初步确立起其对中原大地统治地位的基点开始，逐步走向繁荣发展，直至鼎盛时代。

　　清王朝入关后，通过顺治一朝的征战，基本消灭了前明王朝及明末农民起义军的抵抗势力，建立起对全国的统治。康熙初年，随着各地平定、和平恢复，顺治时期财政长年入不敷出的局面得到缓解。正是这一变化，使得康熙六年（1667年）的银库有了249万两的库存。这是清代银库最初的家底和以后继续增长的起点。从康熙六年至十二年，银库库存迅速增长，由249万两攀升到2136万两，年均增加300余万两。尽管此段时间的库存增加是否全由历年财政节余得来，是否还有其他原因，值得进一步探究[①]，但库存较之六年时大为充盈了是没有问题的。不过好景不长，三藩叛乱一起，军需浩繁，刚刚积累起来的库存又绝大部分赔垫了进去，到康熙十七年只剩下334万两。为筹措平叛军费，康熙帝不得不大开捐例，且不局限于佐杂贡监之捐，亦准捐纳实官，遂开有清一代实官捐之恶例。康熙十六年，左都御史宋德宜奏称："开例三载，得捐知县者五百余人"[②]。三藩平后，继之又定台湾，全国归于统一。二十五年，银库库存又复升至2605万两，不

---

① 这六年间，清王朝的财政状况趋于好转是没有问题的，但当时全国多数地方仍处在经济缓慢恢复的过程中，税收能否大量增加，以致每年都有超过支出300多万两的盈余，不能没有疑问。据《清圣祖实录》卷44，康熙十二年，全国户口人丁仅1939万余，田地山荡畦地仅541万余顷，征银数仅2506万余两，较之顺治时，收入仅大体相当（顺治十三年收入为2548万余两）。尤其是其时三藩仍割据云、贵、粤、闽数省，"岁需二千余万，近省挽输不给，一切仰诸江南，绌则连章入告；既赢，不复请稽核，天下财赋，半耗于三藩"（见魏源《圣武记》卷2《康熙戡定三藩记上》）。在这种局面下，中央政府的财政是否能年年有余且多至300余万两？解决这个问题，需要结合其时政治、经济的形势，仔细考察康熙初年财政收入、支出的各个方面，才能给出令人信服的结论。笔者对这段历史没有深入研究，这里只能提出疑问，却无能力做出解答

② 《清史列传》卷7《宋德宜传》。

仅超过战前，而且此后仅 8 年时间就连上 3000 万两（三十年）、4000 万两（三十三年）台阶，五十八年达到最高点 4737 万两。康熙帝晚年，出兵定西藏、屯重兵于青海以防准噶尔，耗用钱粮不赀，致银库存银数自五十九年起连续 3 年下降：当年降至 3932 万两，六十年降为 3262 万两，至六十一年仅存 2716 万两①。

雍正帝即位后，力挽其父晚年为政疏阔、诸事废弛不治的局面，行严苛峻急之政风，整顿吏治，严查贪污，清理亏空，同时改革赋役（摊丁入地和耗羡归公），增加税收，完善财务管理，建立健全钱粮报拨及解款制度，严核度支奏销，等等，使清王朝的财政面貌为之一新。雍正八年以前，银库收支除元年外，年年盈余，是以银库库存从康熙末的 2000 多万两迅速增加到 6218 万两②。但是随着七年以后对西北准噶尔部连年用兵，军费大部分出自部库，银库库存又从八年的高峰直线下滑，到末年仅存 3453 万两。

乾隆时期，二十年以前仍仅存 3000 余万两，少时还不到 3000 万两（如十三年第一次金川之役时仅 2746 万两，次年为 2807 万两）。二十年起升至 4000 万两以上，但并不稳定，平准二役及回疆之役后的二十三至二十六年又降至 3600 万两上下。二十九年后，银库存银数开始加速增长：二十九年达到 5427 万两，三十年达到 6034 万两，三十三年达到 7182 万两；至三十六、三十七两年，达到 7800 余万两。此后几年受二次金川之役影响，库存有所下降，最低时仅为 6496 万两（四十年）。四十二年，又升至 8182 万两的乾隆朝最高峰，几达其时全国岁入数的 2 倍、银库平年岁出数的 8 倍。最后十几年间，库存银数稍有下降，但亦维持在 7000 万两以上水平，末年降至 6939 万两。

总观康、雍、乾三朝，国势日渐强盛，经济发展，税收充裕，收支常有节余，是以银库积存银两不断增加，最多时足供 8 年之支出，低位时亦够供支 2 年（按年需 1000 万两计）。此三朝并非平静无事，开疆拓土、平定

---

① 乾隆时，阿桂《论增兵筹饷疏》谓康熙末银库存银仅 800 万两（见《皇朝经世文编》卷 26），与此数相差过远，并不确切。清人提到银库数字，只有法式善记录的从康熙到乾隆朝的系列银库存银数是准确的（见《陶庐杂录》卷 1）。他的数据来源，应该就是乾隆四十年军机大臣奏呈的那份清单。

② 雍正元年银库收支亏损 95 万两，但该年库存数比康熙六十一年少了 355 万两，其间差额，出在该年银库盘查出亏空银 259 万余两，作为"开除"数销账了。

叛乱，大的战役十数次，小的战役以数十百计，加之黄河、永定河、江浙海塘之大工不断并几乎年年都有灾荒赈济，例外需款之数极为巨大，多者动辄数百万、上千万、数千万两，小者亦每次不下数十万。尽管如此，除极个别时期外，此三朝银库的存银数少有大的波动，总体走势不断向上，盖因其时遇有重大例外临时需款，采取开例捐输及商人"报效"诸种筹款手段，加之以适当节缩开支，往往就能使收支不敷的财政紧张局面得到极大缓解，而无须倾银库之存来弥补亏空，归根到底仍是国家比较富裕、财政资源基础雄厚的缘故。正因为库存充裕、财源茂盛，康、乾两朝才可能在频频南巡并举办各种大的庆典等奢侈活动之余，还不断蠲免钱粮。康熙一朝，各种项目的大小蠲免总计不下500余次，所免总数超过一亿数千万两[1]。特别是从二十五年起，几乎每年都对一省或数省实行免征全部额赋的"普免"；从三十一年起，逐省蠲免起运漕粮一年；从五十年起，三年之内轮免各省钱粮一周，计共免"天下地丁粮赋新旧三千八百余万"[2]。乾隆朝的蠲免规模更超过康熙时。乾隆六十年间，计共普免全国钱粮四次（十年、三十五年、四十二年、五十五年）、漕粮三次（三十一年、四十五年、六十年），每次分数年轮完，还普免过官田租和各省积欠。其他个别省份、地区、个别项目的蠲免和豁除旧欠数不胜数。有些蠲免且成为定例，如"每谒两陵及他典礼，跸路所经，减额赋十之三，以为恩例"[3]。一再大规模实行蠲免，也从一个方面反映了当时国家的财政状况。

　　嘉庆、道光时期是清王朝步入多事之秋，逐渐走下坡路的时期。这一时期，乾隆后期积累起来的各种社会矛盾日益暴露、激化，天灾人祸不断，正常的税收难以保证，意外开支却有增无已，是以财政窘迫，国库日渐空虚。

　　嘉庆即位当年，便爆发了其规模在清史上仅次于太平天国的白莲教大起义。为镇压起义，清王朝耗用军费超过亿两，虽开川楚事例仍不足以供用，不得不大量动用库存，使乾隆朝留下来的巨额银库存银几为之一空。嘉庆元年，银库存银数就从乾隆六十年的近7000万两跌落至5658万两。以

---

[1] 据户部统计，从康熙元年到四十九年，免过钱粮银数"已逾万万"（《清圣祖实录》卷244，康熙四十九年十月甲子）。此后十余年间所免，亦有数千万。
[2] 王庆云《石渠余纪》卷1《纪蠲免》。
[3] 王庆云《石渠余纪》卷1《纪蠲免》。

后又连年减少，六年跌至最低位时仅有1693万两。七年，即起义终被平定之年，存银数为1946万两。八年以后，银库存银数在2000多万两的水平稳定下来，至二十五年才重新升至3121万两。

道光朝银库存银数，开头三年连续走低，从嘉庆末的3000多万两一路下滑到六年的1758万两；七年至十年，回升至3000余万两；十二年起，又下降到2000多万两。鸦片战争后，二十二年的库存银数下降至1301万两，二十三年更只有993万两，为康熙平定三藩以后从未有过的空前低水平。

以上还只是账面数字，实际情况更要严重得多。道光二十三年，银库发生巨额亏空案，暴露了其时库存的真实情况。据清人笔记记载：

> 户部库银自乾隆时和珅当国后，即未清理。库内侵蚀，子而孙，孙而子，据为家资六十余年矣。嘉庆间虽经盘查，然皆受库吏贿嘱，模糊复奏，未能彻底澄清。自是逢皇上命御史查库，必进规银三千两，仆从门包三百两，日积月久，习以为常。或穷京官与会试举子知其弊者，向库吏索诈，库吏必探访其人之家世才能若何，以定送银多寡，数两、数十、数百、数千不等。道光十年后，御史周春祺欲历举弊端奏参，其姻亲汤文端公力言不可：此案若发，必籍数十百家，杀数十百人，沽一人之直而发此大案，何为者？遂止。[道光]二十三年，库吏分银不均，内自攻讦，其事不能复蔽，达于天庭。宣宗震怒，拿问亲鞫，尽得其实。……盘查后亏空九百数十万，命自乾隆后官户部者，大小多寡摊赔。①

此案，据奉旨盘库的刑部尚书惟勤等于道光二十三年三月二十六日复奏，按当时库册所开，计应存银1218万余两，而盘查结果，仅实存292万余两，亏短925万余两②。可见，对于档案册籍所载嘉、道时期的银库数字，并不能完全相信。

嘉庆、道光时期银库存银数较之康雍乾时期大幅下降并在2000万～

---

① 见欧阳昱《见闻琐录·前集》卷5。
② 见道光二十三年三月二十六日刑部尚书惟勤等奏折及同日上谕，载《中国近代货币史资料》第一辑上册，中华书局1964年版，第165～167页。又参见欧阳昱《见闻琐录·前集》卷5。

3000万两的低水平长期徘徊（仅少数年份超过3000万两），是清王朝国势衰落不振的反映和必然结果；尤其白莲教一役，对银库打击巨大，从此再无机会恢复元气。银库存银的减少，使嘉、道两朝财政应对突发意外事件的能力大大降低。此二朝，尤其嘉庆朝，依靠捐输筹款几乎成为朝廷应对河工、赈务等各种意外开支的不二法宝。道光朝的财政状况比之嘉庆朝更加不如。初年的准格尔叛乱依靠捐输勉强应付了过去，以后便战战兢兢勉强维持着过日子。然而鸦片之役一起，随着银库存银一大半被垫了进去，便连勉强维持也难做到了。据道光三十年户部密折，截至当年十月底，银库实存银数仅187万两[①]。而此时距太平天国战争爆发，只有不足一个月的时间了。道光帝留给他儿子的，是一个近乎空空如也的国库。

第二节 咸、同、光时期的银库库存

清后期的银库库存，由于现存银库黄册残缺，只能做粗略的观察和说明。这一时期的相关统计见表5-2、表5-3。

表5-2 咸丰朝银库库存

年 份	银（万两）	钱（万串）	银钱合计（万两）	库存实银数（万两）
咸丰三年	169.7	1.6	171	11.9
咸丰四年	166.2	3.3	168	12.6
咸丰五年	149.7	11.9	156	11.4
咸丰六年	146.1	34.6	163	9.2
咸丰七年	—	—	—	10.5
咸丰八年	237.0	39.9	257	5.0
咸丰九年	302.5	355.0	480	7.5
咸丰十年	117.5	45.5	140	6.9
咸丰十一年	152.2	81.5	193	6.8

注：库存实银数据抄档：同治四年三月十三日户部左侍郎皂保奏折所附清单。钱数折银，咸丰三年按1∶1，以后各年按2∶1。

[①] 道光三十年十一月十七日管理户部卓秉恬密折，见《中国近代货币史资料》第一辑上册，中华书局1964年版，第171~172页。

表 5-3　光绪朝银库库存

年　份	库存银数（万两）	年　份	库存银数（万两）
光绪八年	806	光绪二十二年	683
光绪九年	985	光绪二十三年	527
光绪十六年	823	光绪二十四年	487
光绪十七年	1038	光绪二十五年	478

咸丰朝的库存，前文已经说过，不像以前朝代那样比较单纯，只有金属货币白银和铜制钱（另有少量黄金，不用作日常出入），而是白银、制钱、铜大钱、铁大钱、以银两为单位的官银票、以钱文为单位的京钱票、宝钞等都有，而且越到后来，实银、制钱越少，种种并不值钱的大钱、纸钞反而成为库存的主要货币。这样的库存数字，其实只具有记账价值符号的意义，而不具有与其显示的数量相等同的真实价值。

咸丰朝的头三年，元年没有数据，二年、三年的库银收支均为出大于入，计共亏损593万余两。这个数字，足以使道光朝留下来的最后一点家底也赔垫一空。咸丰三年开始的铸大钱、印纸钞，就是在当时财政完全无以为继的极度危机情况下采取的救急措施。这种实为通货膨胀的货币措施弥补了入不敷出的财政亏空，却也使此后的银库库存只具有记账符号的意义。数字显示：咸丰三年，银、钱合计的库存数只有171万两，此后两年仍连续下降，到五年只有156万两。六年起，数字回升，至九年达到480万两。十年，英法联军攻入北京，咸丰帝北走热河，是年收支再次大幅亏损银185万两、钱310万串，致使银库库存又降至140万两，十一年回升到193万两。以上，是各种货币都统计在内的账面数字。其中的实银库存，据同治时的奏报，咸丰七年以前，平均为11万两；八年至十一年，平均只有6万余两。有清一代的银库库存最低纪录，当非咸丰朝莫属。

现存黄册没有同治朝的库存记录。其最初三年的实银库存，据上引同一资料，同治元年约为5.3万两，二年为5.6万余两，三年为6.6万余两。此后三年，据大进、大出册记载，均为收支有余，累计盈余银255万两。同治朝整体财政状况要比咸丰朝好，估计其库存银数，到中期以后至少应有数百万两。

光绪时期，如表5-3所显示的，甲午前约在800万～900万两左右，最多时（十七年）达到过1038万两。甲午后，随着财政状况的恶化，连年入不敷出,库存数又连续下降,二十二年为683万两,二十五年降至478万两。

清后期的银库收支,状况最好的时期为光绪朝的前二十年。当时咸、同时期的大动乱已经过去,社会相对安定,各省对户部的京饷等各项解款虽不再如以前那样有派必解、按限依例,但大体尚能满足银库支出的需要。此时期银库存银数的回升,就是这种情况的反映。甲午以后,巨额外债支出打破了原来的收支平衡,各省因摊派外债本息占用财源而减少了对中央的解款,致使户部收支状况恶化,连年亏损,银库库存亦随之再次下降。

不过,到光绪时期,户部银库的库存对于清王朝财政的意义及其所起的作用也已经远没有原来那样大了。这有两个原因。首先,在清前期,全国财政是高度一体的,户部作为国家财政中枢,其银库汇聚每年全国财政收支的几乎全部节余;遇有大事,户部不但调度各省库储,而且银库库储作为全国最主要的财政准备金来源,亦为全国财政所使用。因此,当时的银库库存关系整个国家财政的安危,库存充盈则国家财政比较安全,反之则危。而晚清时期不同。咸、同以后,随着各省财政自主权扩大且逐渐形成相对独立的地方财政趋势,户部愈来愈变成一个仅仅主持京师中央财政的部门。在这种情况下,户部银库一方面固然已经再不可能汇聚各省的所有财政节余,另一方面,就库储的作用来说,也不再具有全国财政准备金的意义。光绪时期的户部银库,其实只是一个收储各省解京款项,服务范围亦仅局限于京师中央财政的资金库而已。

其次,建立银库储存大量资金以备要需,是在清前期传统自然经济仍占统治地位,缺乏现代信用制度及手段的社会条件下,国家管理财政,保证其正常运转唯一可以选择的制度和方式。其时没有银库的大量现金储备及其资金流转,国家财政就无法正常运行。而晚清不同。当时在各通商口岸不但已经有西方国家的近代银行存在,而且经营货币存放、借贷、汇兑等业务的国内钱庄、票号业也日益发达。这些过去所没有或不发达的近代金融信用经济的发展,使晚清时期的银库现金存储数量已不再具有关系国家财政安危的绝对意义。实际上,晚清时期的财政,自从咸丰朝开始,尤其在光绪朝,已经在多方面同这些近代金融信用经济发生了日益密切的联系,如通过票号汇兑京协各项官款,与钱庄票号之间的短期资金拆借以及在遇有重大需款、资金周转不灵时借取外债以解燃眉之急等。光绪甲午战争的战费筹集以及战后的巨额赔款，都主要是依靠举借外债解决的，而不是靠其时区区数百万两的银库库存。晚清时期几无节制的大量举借财政外债使清王朝付出了抵押国家重要税收、丧失财政主权的代价，但也毕竟说明，其时的财政，已经不再以大量的现金库存作为正常运转的唯一保障了。

光绪三十年（1904年），清政府决定创办户部银行（三十四年改称大清银行），"以为财政流转总汇之所"①。根据户部当时奏定的章程，这个新式金融机构的业务范围不但包括发行纸币和国币、经营存款放款等，还包括经理国库，即将近代金融信用经济引入国家财政收支的管理，改革原来自然经济的管理方式。此次改革虽与清末其他改革措施一样并不成功，受到来自银库既得利益集团即其管理官员的抵制，但毕竟银库及其库存在国家财政上的地位从此更进一步下降了。光绪二十八年（1902年），清王朝裁撤了管理三库大臣，银库与缎匹库、颜料库作为"三库衙门"的独立地位不复存在，而重新成为由户部派司员管理的一个下属机构。三十二年，户部改为度支部，缎匹库、颜料库二库改由度支部库藏司管理；银库则改称金银库，虽仍归部直辖，但因其原来的管理国家财政收支的职能已经部分分权于户部银行，亦已风光不再了②。

---

① 刘锦藻：《清朝续文献通考》卷65《国用三》，考8125。
② 光绪三十四年户部银行改为大清银行时，度支部存放于其总、分各行的库款"最多之时亦达千万"，而其时的银库经常储银，只有500万两左右，见大清银行总清理处编《大清银行始末记》，第178页。

附录
统计表格

一 户部银库历年大进、大出及出入盈亏统计

附表1 康熙四十四年银库金银钱数目

项 目	旧 管	新 收	开 除	实 在	备 注
金（两）	—	5.195	5.195	—	原册"旧管"、"实在"两项残缺；"新收"、"开除"两项内另有琥珀、水银、泡参等项，本表未计。
银（两）	—	9101748.050	7474582.125	—	
潮银（两）	—	1116.576	750.000	—	
钱（串）	—	379604.002	345031.777	—	

资料来源：据中国社会科学院经济研究所清代抄档：《黄册·户部银库类》第35册《康熙四十四年分钱粮数目册》。

附表2 康熙四十四年银库银钱出入盈亏统计

收 入		支 出		盈 亏（+、-）	
银（两）	钱（串）	银（两）	钱（串）	银（两）	钱（串）
9102865	379604	7475332	345032	+1627533	+34572

资料来源：据附表1。表中收、支银数包括潮银在内。

附表3 雍正朝银库历年大进银钱统计

时 间	银（两）	钱（串）	其 他	备 注
雍正元年	9401510*	486987*		
雍正二年	18013925	615210	金619两 水银48斤10两	钱数系大小制钱合计
正月	1090657.024	—		

续表

时间	银（两）	钱（串）	其他	备注
一月	1518658.571	165.400		大小制钱
三月	1002473.188	62275.200		大制钱
四月	1130623.857	61525.200		大制钱
闰四月	1104564.459	15.698		大小制钱
五月	271388.511	—	金97两	
六月	634191.268	71964.188	金522两	大制钱
七月	2700973.694	1227.612	水银48斤10两	
八月	1111002.478	111236.709		大制钱
九月	2273715.174	53508.590		大制钱
十月	462649.996	70629.661		大制钱
十一月	1999700.762	69.600		大制钱
十二月	2713325.562	182591.839		
雍正三年	17044450	536633	金105.131两 潮银印8颗520两 水银48斤10两	钱数系大小制钱合计
正月	1233861.681	20.800	—	大制钱
二月	978759.150	51396.000	—	大制钱
三月	508309.582	37.045	金105.131两 潮银印1颗65两	大制钱
四月	1355727.551	70273.552	潮银印2颗99两	大制钱
五月	2147063.656	10205.065		大制钱
六月	1547195.955	62698.677	潮银印1颗59两	大小制钱
七月	793900.413	751.250	潮银印1颗108两	大制钱
八月	446563.541	166352.321	水银48斤10两	
九月	2391031.923	2389.328	潮银印1颗60两	
十月	1571672.789	74111.120	潮银印2颗129两	大制钱
十一月	705904.447	18.375		
十二月	3364459.121	98379.337		大制钱
雍正五年	16861818	479505	金57.2两 潮银印2颗148.5两 水银48斤10两	
正月	1992149.221	—		
二月	1429023.563	5.460		

续表

时　间	银（两）	钱（串）	其　他	备　注
三月	117580.678	—		
闰三月	892164.627	10859.998		
四月	1829080.542	66699.722	水银 48 斤 10 两	
五月	2340004.348	164.575		
六月	895800.117	66479.694		
七月	689002.693	42.150		
八月	986286.243	—		
九月	1154096.433	4511.550		
十月	595816.776	66406.142	潮银印 1 颗 92 两	
十一月	1715918.882	140266.962	金 57.2 两	
十二月	2224893.476	124069.240	潮银印 1 颗 56.5 两	
雍正七年	**17964254**	**660988**	金 4328.24 两 潮银印 7 颗 648 两 水银 48 斤 10 两	
正月	882954.278	3.600		
二月	1575190.773	69484.553		
三月	810449.178	19770.913	潮银印 1 颗 124 两	
四月	715141.553	163.100	潮银印 4 颗 354 两	
五月	3136929.231	64912.255	金 4157.840 两 水银 48 斤 10 两	
六月	2138152.319	1231.065	潮银印 1 颗 103 两	
七月	2045856.448	18850.277	金 7 两	
闰七月	428708.395	66530.395		
八月	847404.023	66330.675		
九月	290172.190	64545.213		
十月	757094.957	64461.405		
十一月	1884558.661	66494.935	金 163.4 两	
十二月	2451641.574	158209.483	潮银印 1 颗 67 两	
雍正九年	**9964312**	**622314**	金 233.5 两 水银 48 斤 10 两	
正月	158781.494	—		
二月	1373998.718	20425.907	金 52 两	
三月	1996980.799	24461.717	金 76.5 两	

续表

时间	银（两）	钱（串）	其他	备注
四月	426435.751	1037.060	金 5 两	
五月	790237.425	7.900		
六月	141473.564	224893.156		
七月	233528.024	4050.580		
八月	780884.780	74917.732	水银 48 斤 10 两	
九月	563621.475	3007.876	金 100 两	
十月	892700.460	59411.240		
十一月	1758047.445	94067.928		
十二月	847622.503	116032.502		
雍正十年	11656097	989864	金 289.2 两 潮银印 10 颗 812.5 两	
正月	168948.242	201.440		
二月	1512399.386	62601.556	潮银印 3 颗 269.3 两	
三月	557091.702	102353.280	潮银印 4 颗 280.2 两	
四月	499977.456	105930.728		
五月	548050.831	83505.237		
闰五月	1208762.141	74292.625		钱数内包括小制钱 750 文
六月	605141.995	108997.077	潮银印 3 颗 263 两	
七月	1364994.825	99300.906		
八月	470005.559	67779.580		
九月	534803.012	49744.392		
十月	792361.029	75228.974		
十一月	684046.514	37106.849	金 289.2 两	
十二月	2709514.285	122821.607		
雍正十一年	11709139	638455	金 565.872 两	
正月	1003643.059	—		
二月	1138828.213	29663.998	金 405.352 两	
三月	542328.248	49901.142	金 44.8 两	
四月	939289.659	30369.096		
五月	963795.970	45227.601		
六月	1075998.744	49259.664		

续表

时间	银（两）	钱（串）	其他	备注
七月	362499.647	21091.569		
八月	219868.726	132575.775	金 115.720 两	
九月	864504.265	27889.015		
十月	560123.725	39020.652		
十一月	1518018.529	41525.589		
十二月	2520239.824	171930.509		
雍正十三年	**16062619**	**480224**	**金 325.66 两 潮银印 2 颗 99.8 两**	
正月	774601.413	640.264		
二月	103330.249	3156.468		
三月	1217219.246	5546.988		
四月	465123.419	38613.584		
闰四月	2519352.472	37944.501		
五月	1296229.469	37878.091	潮银印 1 颗 43.8 两	
六月	1184450.696	41844.909		
七月	1151755.726	35797.228		
八月	1062909.961	72922.865		
九月	1730886.832	38306.517		
十月	2049888.393	36326.231	金 323.7 两	
十一月	71851.739	38190.308	金 1.960 两	
十二月	2435019.415	93056.530	潮银印 1 颗 56 两	
雍正朝平均	**14297569**	**612242**		

资料来源：有 * 号标记之数据该年四柱册（原册数据详见本书附表29）；其他据中国社会科学院经济研究所清代抄档：《黄册·户部银库类》第 1 册。

附表4 雍正朝银库历年大出银钱统计

时间	银（两）	钱（串）	其他	备注
雍正元年	**10351722***	**471152***		
雍正三年	**8661550**	**618553**	水银 5 斤零 10.24 两	
正月	109125.958			
二月	912625.569	165702.589		
三月	714658.279	1056.000		
四月	1204884.892	70659.977		

续表

时　间	银（两）	钱（串）	其　他	备　注
五月	417614.627	1761.000		
六月	346018.515	70872.091		
七月	444940.044	981.000		
八月	1070753.129	164291.961	水银5斤10两2钱4分	
九月	575901.946	1257.000		
十月	945454.688	70300.753		
十一月	543839.857	1299.000		
十二月	1375732.646	70371.537		
雍正七年	16291286	828140	水银8斤6两2钱8分	
正月	1012204.747	72.000		
二月	3569272.813	67037.472	水银6斤14两	
三月	536871.016	65091.100		
四月	683601.390	65762.566		
五月	2338451.582	65814.038		
六月	1106709.998	65749.463		
七月	485288.861	65669.632		
闰七月	1365026.558	65671.545		
八月	1444628.579	65641.875		
九月	745779.630	65707.397	水银1斤8两2钱8分	
十月	635945.734	65766.105		
十一月	1475352.168	65778.435		
十二月	892153.073	104378.435		
雍正八年	12958261	482661	金4两 水银8斤零5.972两	
正月	1355004.959	—		
二月	924086.933	33458.161		
三月	1291315.397	33467.467		
四月	1101314.076	33801.777		
五月	358477.217	33847.929		
六月	1065680.523	33854.892	金2两 水银3斤1两8钱	
七月	503475.585	33837.765		

续表

时　间	银（两）	钱（串）	其　他	备　注
八月	1082830.164	33908.202		
九月	982924.144	40201.806		
十月	780136.054	99426.951	水银2斤2两3钱7分2厘	
十一月	1032140.579	33944.063	金2两 水银10两	
十二月	2480875.738	72912.142	水银2斤7两8钱	
雍正九年	**24109615**	**692426**	**金2026.611两 水银1斤5两**	原册残，缺正月数
二月	1194334.867	66543.328	金102两 水银10两	
三月	5769866.232	33906.838	金500两	
四月	2283885.851	1190.000	金500两	
五月	571312.586	41295.210	金500两	
六月	946745.851	43777.430		
七月	2839198.785	73235.559		
八月	2200845.673	65185.118		
九月	881746.796	65548.110	金424.611两	
十月	1848085.228	65420.987		
十一月	2335518.117	65331.152	水银11两	
十二月	3238075.005	170991.942		
雍正十一年	**18168240**	**541957**	**金1501.7618两 水银569斤零9.72804两**	钱数系大小制钱合计
正月	1370013.911	2000.000		
二月	2787064.679	38684.659		
三月	1082401.004	38839.790	水银569斤9两7钱2分8厘4丝	钱数内包括小制钱750文
四月	489087.281	38733.671	金502两6钱2分	
五月	1684033.375	40646.361		
六月	538369.516	38729.666		
七月	1775800.235	38692.979		
八月	2114054.187	112075.777		
九月	597281.404	38278.951	金98两8钱1厘8毫	
十月	462068.809	38038.606	金142两1钱	

续表

时 间	银（两）	钱（串）	其 他	备 注
十一月	558447.072	38338.229	金758两2钱4分	
十二月	4709618.272	78898.771		
雍正朝平均	15090112	605815		

资料来源：有＊号标记之数据该年四柱册（原册数据详见本书附表29）；其他据中国社会科学院经济研究所清代抄档：《黄册·户部银库类》第13册。

附表5　雍正朝银库历年银钱出入盈亏统计（1）

年 份	大 进 银（两）	大 进 钱（串）	大 出 银（两）	大 出 钱（串）	盈 亏（+、-）银（两）	盈 亏（+、-）钱（串）
雍正元年	9401510*	486987*	10351722*	471152*	-950212	+15835
雍正三年	17044450	536633	8661550	618553	+8382900	-81920
雍正七年	17964254	660988	16291286	828140	+1672968	-167152
雍正九年①	9964312	622314	24109615	692426	-14145303	-70112
雍正十一年	11709139	638455	18168240	541957	-6459101	+96498
雍正朝各年平均	13216733	589075	15516483	630446	-2299750	-41371

资料来源：据附表3、附表4。

附表6　雍正朝银库历年银钱出入盈亏统计（2）

年 份	大 进（万两）	大 出（万两）	盈 亏（万两）	附：乾隆清单年末结存数（万两）
雍正元年	940	1035	-95	2361
雍正二年	1801	(999)	+802	3163
雍正三年	1704	866	+838	4043①
雍正四年	—	—	+698	4741
雍正五年	1686	(902)	+784	5525
雍正六年	—	—	+299	5824
雍正七年	1796	1629	+167	6025②
雍正八年	(1489)	1296	+193	6218
雍正九年	996	2411	-1415	5038③
雍正十年	1166	(1765)	-569	4439④

---

① 本年大出为2~12月数。

续表

时　间	大　进 （万两）	大　出 （万两）	盈　亏 （万两）	附：乾隆清单 年末结存数（万两）
雍正十一年	1171	1817	-646	3793
雍正十二年	—	—	-543	3250
雍正十三年	1606	（1403）	+203	3453
雍正朝 各年平均	1436	1412	+55[⑤] +24[⑥]	

注：①按本年盈余数计算，年末库存应为4001万两。
②按本年盈余数计算，年末库存应为5991万两。
③按本年亏损数计算，年末库存应为4803万两。
④按本年亏损数计算，年末库存应为4469万两。
⑤此数系按历年盈亏数计算的结果。
⑥此数系按平均大进、大出数（共10个年份）计算的结果。
资料来源：据附表3、附表4、附表69。表内带（）的数字是根据当年的大进或大出数、上年及本年库存数推算出来的。根据清代四柱记账方式，上年末结存+本年收入-本年支出=本年末结存，因此4个数据中只要有其中3个，即可据之计算出另外1个，公式是：本年收入=本年支出+本年末结存-上年末结存；本年支出=上年末结存+本年收入-本年末结存。没有收支数据年份的盈亏数，通过计算上年库存与本年库存的差额计算得出。为方便读者，附表69中相关年份的库存银数，亦附列于表内。

附表7　乾隆朝银库历年大进银钱统计

时　间	银（两）	钱（串）	其　他	备　注
乾隆元年	14789281	645172	金0.7两	
正月	372236.224	798.324		
二月	2351908.848	74628.274		
三月	459561.925	33510.673		
四月	245230.890	20720.937		
五月	616730.323	53901.584		
六月	2559496.721	49326.667		
七月	1342259.853	40051.857		
八月	486006.300	77305.097	金7钱	
九月	1645159.444	70963.614		
十月	797268.517	62200.297		
十一月	546067.527	64062.717		
十二月	3367354.217	97701.636		
乾隆二年	14733557	586856	金118.6两 银印10颗633.5两 潮银印11颗711两	
正月	1238353.630	1014.022		

续表

时　间	银（两）	钱（串）	其　他	备　注
二月	1882002.279	61123.989		
三月	309301.674	11186.439	金 73 两	
四月	91265.038	30946.106		
五月	528001.811	43685.405	金 45.6 两	
六月	1633636.451	19238.865		
七月	895097.537	39788.855	银印 10 颗 633.5 两	
八月	803143.680	62867.968	潮银印 8 颗 491 两	
九月	912212.917	33675.237		
闰九月	1334780.233	47445.179		
十月	332186.892	59340.507		
十一月	2004627.492	59871.178	旧潮银印 3 颗 220 两	
十二月	2768947.127	116672.713		
乾隆三年	**10427790**	**653604**	**潮银印 19 颗 1385 两**	
正月	899820.274	0.600		
二月	1408449.303	48071.990		
三月	263604.899	36265.124	潮银印 11 颗 815.5 两	
四月	153020.735	27959.244	潮银印 8 颗 569.5 两	
五月	207948.286	26835.329		
六月	699761.335	58708.421		
七月	1216567.342	64596.449		
八月	669334.631	114870.036		
九月	982436.117	38943.925		
十月	578430.758	38685.855		
十一月	1168546.388	69701.093		
十二月	2179870.240	128966.034		
乾隆五年	**8240136**	**1006283**		原注："乾隆五年共进钱 1006283 串 294 文"，本年钱数无月总
正月	193566.020	—		
二月	406244.984	—		

续表

时间	银（两）	钱（串）	其他	备注
三月	568408.011	—		
四月	171423.446	—		
五月	542999.225	—		
六月	574769.815	—		
闰六月	679334.493	—		
七月	893070.341	—		
八月	744748.703	—		
九月	838857.586	—		
十月	628273.985	—		
十一月	696318.293	—		
十二月	1302120.903	—		
乾隆九年	**13459941**	**1138259**	潮银印 9 颗 597.5 两	
正月	1059234.348	5.850		
二月	1253577.500	104122.403		
三月	1139859.963	73475.384		
四月	281764.162	109138.615		
五月	296418.390	109985.934		
六月	964411.158	73786.950		
七月	764806.703	74693.360	潮银印 9 颗 597.5 两	
八月	1092306.212	145950.171		
九月	538357.780	110411.439		
十月	827646.655	114785.309		
十一月	801940.321	73794.021		
十二月	4439618.177	148109.653		
乾隆十一年	**10618227**	**1020643**	金 **7.487** 两 银印 16 颗 1362 两	
正月	665821.672	203.450		
二月	745364.515	109250.580		
三月	556801.265	73778.218		
闰三月	660582.393	74334.549		
四月	230546.895	109663.738	银印 15 颗 1233 两	
五月	523805.778	11110.238		

续表

时间	银（两）	钱（串）	其他	备注
六月	672265.495	74507.182	旧印 1 颗 129 两	
七月	1152428.867	76213.148	金 7.487 两	
八月	368366.301	109748.358		
九月	621563.351	75216.095		
十月	431169.787	74642.532		
十一月	110270.603	79529.619		
十二月	3879239.992	152445.659		
乾隆十三年	**8187984***	**1017312***		
乾隆十四年	**10104020**	**980102**		
正月	953804.962	15.000		
二月	398484.809	109598.527		
三月	348215.431	73347.280		
四月	216558.488	75003.399		
五月	1165339.232	109270.092		
六月	227921.820	75099.406		
七月	384515.634	77978.074		
八月	332216.010	106622.531		
九月	1008000.706	74986.623		
十月	416937.642	75924.756		
十一月	1366830.097	44157.967		
十二月	3285195.336	158097.874		
乾隆十六年	**9348951**	**913510**	金 35.373 两 旧银印 89 颗 7872.6 两	原册残，缺 12 月数
正月	967533.640	809.035		
二月	1334487.165	73035.167		
三月	893457.038	72811.654		
四月	422756.536	74750.339		
五月	177657.141	74731.298	金 35.373 两 旧银印 89 颗 7872.6 两	
闰五月	1354299.228	74895.406		
六月	1939330.902	74084.713		
七月	395428.661	114575.980		

续表

时　间	银（两）	钱（串）	其　他	备　注
八月	433124.355	107667.253		
九月	388531.819	75519.296		
十月	464450.297	82029.886		
十一月	577894.666	88600.333		
乾隆十八年	**11619370**	**1077567**	旧银印 30 颗 2613.5 两	本年四柱册新收项下旧银印数为 43 颗，重 1613.350 两
正月	617603.497	120.610		
二月	1789288.637	110009.631		
三月	341861.619	72720.320		
四月	279735.872	74952.071		
五月	1246468.748	75541.310	旧银印 25 颗 2215 两	
六月	1001655.389	81457.489		
七月	714993.199	85551.812	旧银印 1 颗 51.5 两	
八月	1467281.385	113587.153		
九月	482508.536	77874.849	旧银印 4 颗 347 两	
十月	801034.528	79159.362		
十一月	435880.860	81443.773		
十二月	2441058.107	225148.697		
乾隆十九年	**14248869**	**1131093**	旧银印 2 颗 153 两	
正月	516163.771	9.000		
二月	593435.245	119093.283		
三月	777476.219	76336.533		
四月	247624.321	77452.655		
闰四月	317323.402	77763.494	旧银印 2 颗 153 两	
五月	2700373.015	80063.619		
六月	1485250.166	79111.354		
七月	103283.971	76986.712		
八月	637049.848	133916.778		
九月	637108.859	78987.471		
十月	419106.325	78960.388		
十一月	124695.183	87752.431		

续表

时　间	银（两）	钱（串）	其　他	备　注
十二月	5689979.031	164659.623		
乾隆二十年	15639475 15639465*	1086862		
正月	1153836.435	41350.404		
二月	1059898.868	113973.347		
三月	3139769.101	77181.200		
四月	434478.585	81336.879		
五月	394446.093	76977.551		
六月	1310487.078	77120.200		
七月	1065227.431	82255.633		
八月	1954644.350	76525.247		
九月	791818.653	78201.996		
十月	1099509.262	78612.786		
十一月	557147.666	78431.815		
十二月	2678211.401	224894.955		
乾隆二十二年	9318433*	1203957*		
乾隆二十五年	10336272	1560585	旧银印18颗1922.890两	
正月	65253.237	41675.076		
二月	490661.044	121503.277		
三月	547125.944	104213.594	旧银印2颗165两	
四月	642468.320	89230.271		
五月	417870.346	110997.367	旧印14颗1621.990两	
六月	869420.467	148198.148		
七月	712513.843	116651.334	旧银印2颗135.9两	
八月	1543300.084	168090.927		
九月	1329307.951	146085.705		
十月	311480.264	139444.595		
十一月	109520.104	144959.983		
十二月	3297350.096	229534.784		
乾隆二十六年	11442266	1197764		
正月	423223.527	41720.915		
二月	1605544.717	123494.781		

续表

时　间	银（两）	钱（串）	其　他	备　注
三月	1673116.108	90794.045		
四月	401987.213	86494.748		
五月	633710.235	91184.519		
六月	1181678.774	86119.353		
七月	744762.174	92545.588		
八月	694183.415	84616.675		
九月	1383746.989	84616.675		
十月	658209.950	87075.220		
十一月	176946.382	87301.954		
十二月	1865156.654	241799.374		
乾隆二十八年	**14669589**	**1137386**		
正月	351647.425	42084.333		
二月	413922.889	120760.065		
三月	2065473.227	87841.370		
四月	1605708.423	69192.012		
五月	205080.390	106210.665		
六月	1459637.570	73216.628		
七月	2910988.434	70577.731		
八月	1513341.178	103261.434		
九月	262323.271	71573.377		
十月	227620.403	73038.499		
十一月	203005.852	84586.495		
十二月	3450839.656	235043.036		
乾隆二十九年	**16868335**	**1245961**		
正月	636905.631	41948.286		
二月	1601291.334	122106.362		
三月	2852787.780	83070.885		
四月	1095090.597	85479.737		
五月	842999.498	89107.762		
六月	841660.012	89405.718		
七月	2505481.144	85925.314		

续表

时间	银（两）	钱（串）	其他	备注
八月	2211645.948	119796.674		
九月	1070758.239	84230.289		
十月	113987.903	85678.025		
十一月	224209.476	85066.125		
十二月	2871517.702	274145.609		
乾隆三十年	**15417601**	**1315785**		
正月	835107.708	—		
二月	2994456.917	127337.394		
闰二月	2705270.382	89359.353		
三月	532860.384	86990.234		
四月	147148.314	85337.813		
五月	17492.651	85142.967		
六月	38736.126	86277.431		
七月	2379733.826	88047.550		
八月	1299211.437	125414.344		
九月	2034772.008	84996.399		
十月	699463.548	92362.269		
十一月	300570.507	85680.125		
十二月	1432777.102	278839.177		
乾隆三十五年	**10978839**	**1384474**		
正月	82933.825	50.000		
二月	511753.533	128117.370		
三月	1438260.062	84472.698		
四月	398800.950	83593.887		
五月	907070.694	83883.513		
闰五月	805011.635	82870.872		
六月	437270.070	83584.918		
七月	1078886.071	85237.174		
八月	1298815.744	123290.053		
九月	638989.069	85817.914		
十月	523296.277	85566.784		

续表

时间	银（两）	钱（串）	其他	备注
十一月	394763.902	86126.953		
十二月	2462986.670	371862.351		
乾隆三十七年	**11871843**	**1178843**		
正月	85548.798	3.000		
二月	955553.424	120885.131		
三月	113407.525	85998.277		
四月	1036312.080	82258.125		
五月	2141182.305	84955.573		
六月	778564.941	83039.241		
七月	927592.373	84705.849		
八月	368216.247	118872.706		
九月	974685.307	82486.585		
十月	836353.310	83189.878		
十一月	432509.434	83077.839		
十二月	3221917.211	269371.199		
乾隆三十八年	**8966307** [*]	**1277811** [*]		
乾隆三十九年	**17587994**	**1185825**		
正月	213400.754	113.000		
二月	402771.423	122212.762		
三月	392159.731	85509.368		
四月	465059.965	85163.609		
五月	351127.714	84282.948		
六月	1216815.969	86199.873		
七月	171200.285	83775.420		
八月	701175.420	118789.663		
九月	47578.590	82764.391		
十月	1122200.495	82632.224		
十一月	940130.290	83769.975		
十二月	11564373.674	270611.821		
乾隆四十年	**14134913** [*]	**1254947** [*]		
乾隆四十一年	**18711298**	**1019360** **1294815** [*]		
正月	74515.997	128.300		

续表

时 间	银（两）	钱（串）	其 他	备 注
二月	1025810.714	122225.124		
三月	362194.877	84689.403		
四月	453265.797	83384.844		
五月	1219916.382	84210.433		
六月	1083856.720	85679.743		
七月	709742.519	180860.153		
八月	2532730.764	121130.774		
九月	929891.451	86481.954		
十月	755937.777	84557.570		
十一月	1438129.904	86012.017		
十二月	8125305.220	275454.893		
乾隆四十二年	**18117732***	**1203459***		
乾隆四十三年	**11477632**	**1284266**		
正月	597150.635	219.000		
二月	702635.896	123143.720		
三月	337826.386	85547.805		
四月	1380660.024	85730.590		
五月	909104.415	83263.731		
六月	944931.594	86175.320		
闰六月	619818.997	84358.787		
七月	67747.484	85363.384		
八月	493050.913	123100.986		
九月	241035.672	82917.169		
十月	880031.504	84826.253		
十一月	1878841.863	86230.410		
十二月	2424796.317	273389.043		
乾隆四十五年	**10567108***	**1193808***		
乾隆四十六年	**13930618**	**1285728**		
正月	1402961.273	76.910		
二月	1439620.211	122551.143		

续表

时 间	银（两）	钱（串）	其 他	备 注
三月	904508.693	86917.651		
四月	702612.861	82700.439		
五月	757112.912	85227.572		
闰五月	1081668.913	84612.178		
六月	1132964.461	84749.227		
七月	766263.059	84494.757		
八月	973814.668	122428.391		
九月	587288.698	84721.731		
十月	330425.584	87540.018		
十一月	1381562.699	84980.088		
十二月	2469813.842	274727.943		
乾隆四十七年	**13657359**	**1206487**		
正月	700389.511	107.880		
二月	1313998.022	122334.665		
三月	1196798.243	86555.497		
四月	927305.283	85698.212		
五月	8895.477	86864.348		
六月	435714.868	85084.245		
七月	1508012.050	84998.356		
八月	1440089.657	120971.865		
九月	775036.170	85136.073		
十月	602298.000	86587.947		
十一月	1188553.411	88887.745		
十二月	3560268.508	273260.400		
乾隆四十八年	**6941275**	**922104**		原册残，缺12月数
正月	500668.969	1057.021		
二月	1415421.742	117254.821		
三月	436394.621	81756.413		
四月	63134.659	84602.143		
五月	542599.913	86105.300		
六月	164833.061	86163.159		

续表

时　间	银（两）	钱（串）	其　他	备　注
七月	323555.342	85331.627		
八月	867556.934	122071.125		
九月	731943.484	84708.955		
十月	1381598.531	85565.906		
十一月	513567.975	87487.356		
乾隆四十九年	12407397	1382518		
正月	1063921.367	1367.125		
二月	531476.999	119186.859		
三月	589030.270	83881.873		
闰三月	102982.203	82128.596		
四月	419714.507	88106.567		
五月	604337.265	83037.652		
六月	94477.731	84708.583		
七月	621560.023	89316.270		
八月	682043.565	124564.394		
九月	2327765.256	86404.407		
十月	254664.156	122942.627		
十一月	1377822.519	133489.313		
十二月	3737601.043	283384.085		
乾隆五十年	11466163	1231695		
正月	405512.095	213.000		
二月	592157.709	135479.172		
三月	588309.123	91071.705		
四月	1047242.107	84848.566		
五月	373048.764	85475.072		
六月	1242973.604	90721.431		
七月	200517.931	84903.988		
八月	382703.238	119255.837		
九月	1903727.782	87421.036		
十月	975196.531	85581.537		
十一月	437810.198	84565.944		

续表

时　间	银（两）	钱（串）	其　他	备　注
十二月	3316963.752	282158.205		
乾隆五十一年	**7461334**	**1301573**		
正月	536103.430	4942.000		
二月	530444.027	120280.635		
三月	230710.042	82344.138		
四月	272164.976	82460.449		
五月	217213.510	89362.269		
六月	263815.944	84575.742		
七月	185425.887	84945.274		
闰七月	383677.735	90408.546		
八月	246736.959	122349.022		
九月	92530.547	84646.198		
十月	75379.746	82552.823		
十一月	798822.466	89025.978		
十二月	3628309.004	283679.618		
乾隆五十五年	**16230598**	**1219814**		
正月	536103.430	4942.000		
二月	1330771.093	122272.111		
三月	640541.578	84970.640		
四月	1111276.654	84217.898		
五月	1260710.405	84458.255		
六月	1594113.198	83965.305		
七月	212188.074	88798.196		
八月	754463.883	150687.633		
九月	922025.310	56178.689		
十月	1699335.330	85315.884		
十一月	1750072.248	91064.703		
十二月	4418997.257	282943.119		
乾隆五十七年	**8762067**	**1301334**		
正月	84294.093	17.000		
二月	1196599.320	122520.961		

续表

时　间	银（两）	钱（串）	其　他	备　注
三月	38687.185	86088.490		
四月	214967.314	86553.304		
闰四月	106325.193	85779.460		
五月	297507.958	85854.092		
六月	148899.776	86288.914		
七月	1213607.978	89145.352		
八月	580029.548	120414.489		
九月	102131.198	88493.195		
十月	584141.348	85623.212		
十一月	590102.058	87401.214		
十二月	3604774.431	277154.238		
乾隆五十八年	**10111935**	**1213081**		
正月	3516.204	—		
二月	392829.452	123915.418		
三月	871560.105	85322.938		
四月	32809.316	86526.017		
五月	1209797.190	86261.348		
六月	947294.131	85580.483		
七月	1038907.583	85197.522		
八月	541125.503	123312.859		
九月	212787.562	85890.860		
十月	334723.152	86377.897		
十一月	1133413.407	86706.104		
十二月	3393171.571	277989.559		
乾隆五十九年	**9179009**	**517268**		
正月	103863.636	—		
二月	655707.100	124060.039		
三月	497532.299	86023.761		
四月	468446.010	86257.888		
五月	54805.338	96288.957		
六月	37797.325	85017.700		

续表

时　间	银（两）	钱（串）	其　他	备　注
七月	1108846.250	815.500		
八月	771289.470	103.000		
九月	701335.719	76.000		
十月	1049359.818	7600.791		
十一月	424335.183	16873.172		
十二月	3305690.713	14150.969		
乾隆六十年	8665152	142656		
正月	10448.789	180.000		
二月	368792.424	10156.709		
闰二月	621630.694	11202.666		
三月	24272.170	8336.700		
四月	219558.380	15750.776		
五月	60253.825	9448.194		
六月	136441.514	17258.380		
七月	254085.791	9345.406		
八月	488714.439	8904.783		
九月	632622.624	10529.076		
十月	58363.465	9835.564		
十一月	895429.186	14633.863		
十二月	4894538.846	17074.061		
乾隆朝平均	12123597	1102663		

资料来源：①有 * 号标记之数，据各该年四柱册（乾隆朝四柱册数据详见本书附表 30 至附表 40）；乾隆三年数据中国第一历史档案馆藏《乾隆三年分银库大进钱粮数目册》；其他据中国社会科学院经济研究所清代抄档：《黄册·户部银库类》第 2～7 册。

②乾隆朝平均数计算，乾隆二十年银数按大进册数计，四十一年钱数按四柱册数计。

附表 8　乾隆朝银库历年大出银钱统计

时　间	银（两）	钱（串）	其　他	备　注
乾隆元年	15400142	1120449	金 1059.143 两	
正月	222764.500	11.815		
二月	990318.378	73979.058	金 14.81 两	
三月	944896.439	37740.213	金 172.889 两	
四月	826514.694	33161.045		

续表

时间	银（两）	钱（串）	其他	备注
五月	547658.969	539121.154		
六月	481243.427	49004.025		
七月	901215.837	39075.468	金6.385两	
八月	5940080.489	76405.096	金42.3两	
九月	646518.922	62801.061	金802.192两	
十月	559899.269	72415.589		
十一月	844108.785	63566.430	金5.183两	
十二月	2494921.985	73168.165	金15.384两	
乾隆三年	**9954450**	**675705**	**金1925.935两** **潮银印43颗2884.3两**	
正月	214139.344	3000.000		
二月	1664417.712	59599.741		
三月	1055305.384	35614.203	潮银印24颗1499.3两	
四月	911204.456	30545.020		
五月	448637.407	30598.626		
六月	470930.699	52513.886	金30.7两	
七月	447336.088	63096.208	金366.8两	
八月	970868.066	115441.038	金500两	
九月	705690.086	39352.634	金90.468两	
十月	710283.083	39366.842	金396.518两 潮银印19颗1385两	
十一月	1174186.159	77159.779	金506.049两	
十二月	1181451.964	129417.256	金35.4两	
乾隆五年	**10337236**	**993209**	**金318.032两**	
正月	177466.078			
二月	1101292.370	84526.751		
三月	1451392.606	42908.036	金4.117两	
四月	678493.986	84573.927		
五月	424141.093	84908.806		
六月	445508.579	104696.729		
闰六月	465598.042	84505.681		
七月	523053.822	84769.656		

续表

时　间	银（两）	钱（串）	其　他	备　注
八月	999969.597	83340.902		
九月	506321.380	83270.397		
十月	672541.188	42145.867		
十一月	550737.766	83135.841		
十二月	2340719.727	130426.353	金 313.915 两	
乾隆八年	**11638228**	**1383044**	金 0.539 两	
正月	795112.951	9.000		
二月	1188367.470	111785.590		
三月	684990.532	75329.625		
四月	787236.139	111629.863		
闰四月	886911.031	111337.472	金 0.539 两	
五月	602524.621	115944.772		
六月	836583.210	116452.430		
七月	926868.487	113169.269		
八月	750372.409	141078.327		
九月	527300.818	74711.892		
十月	370357.030	75156.050		
十一月	499637.292	111965.948		
十二月	2781965.574	224473.519		
乾隆九年	**5315454**	**701882**	金 5.768 两	原册残，缺 9～12 月总额
正月	226557.585			
二月	1157342.360	110643.906		
三月	756646.194	74533.649	金 3.918 两	
四月	410439.033	110576.337	金 1.85 两	
五月	409497.863	110510.655		
六月	823121.453	74459.763		
七月	508541.149	74494.234		
八月	1023307.979	146663.331		
乾隆十三年	**13087744**＊	**1013387**＊		
乾隆十四年	**6871618**	**829375**		原册残，缺 12 月数
正月	136588.911			

续表

时间	银（两）	钱（串）	其他	备注
二月	1034204.473	111316.940		
三月	757609.223	75226.354		
四月	500617.927	75196.046		
五月	444728.537	111457.197		
六月	806011.610	77947.933		
七月	487247.096	77101.971		
八月	834262.637	107081.649		
九月	840595.576	75369.737		
十月	431044.629	75024.980		
十一月	598707.001	43651.882		
乾隆十五年	6965567	822984	旧银印 170 颗 16888.6 两	原册残，缺 12 月数
正月	245668.517	2902.890		
二月	1177855.432	110553.984		
三月	534809.062	74795.214		
四月	617753.763	74661.347		
五月	455078.515	110647.702		
六月	450522.033	75002.761		
七月	718489.810	75047.337		
八月	1108473.089	111285.083	旧银印 89 颗 潮银 8609.5 两	
九月	532740.042	74971.324		
十月	560630.201	74705.623	旧银印 81 颗 8279.1 两	
十一月	563546.256	38411.203		
乾隆十七年	8585428	790408		原册残，缺 12 月数
正月	345762.606	—		
二月	1311345.042	74503.920		
三月	725825.157	74856.196		
四月	608434.404	74665.054		
五月	455384.697	74699.144		
六月	775538.688	74753.207		
七月	693190.280	79625.493		
八月	858867.989	108664.730		

续表

时　间	银（两）	钱（串）	其　他	备　注
九月	498648.946	75261.206		
十月	493869.097	78542.995		
十一月	1818561.412	74835.988		
乾隆十八年	10379263	1075730	旧银印 43 颗 3613.35 两	
正月	142750.620	6.000		
二月	1196801.426	110864.694		
三月	909183.875	74842.900		
四月	759009.323	75767.867		
五月	589621.645	76025.544		
六月	476897.331	80004.754		
七月	449366.257	85968.282		
八月	1027115.678	115122.507		
九月	571043.078	77962.174		
十月	422028.964	77864.204	旧银印 43 颗 3613.35 两	
十一月	2480767.991	82963.411		
十二月	1354677.139	218337.485		
乾隆二十年	10247839*	1086942*		
乾隆二十二年	12388209	1214285 1214283*		
正月	343374.805	47565.314		
二月	857518.970	121759.293		
三月	512488.130	89192.893		
四月	486708.152	84614.542		
五月	457750.716	84582.462		
六月	594154.823	85479.130		
七月	985038.143	85822.599		
八月	762102.494	122311.351		
九月	3500286.523	85001.631		
十月	411533.800	90234.279		
十一月	2312037.977	90051.388		
十二月	1165214.322	227669.743		
乾隆二十三年	8951247	1001869	旧银印 13 颗 1339.780 两	原册残，缺 12 月数
正月	218169.599	41750.647		

续表

时　间	银（两）	钱（串）	其　他	备　注
二月	937401.563	122157.348		
三月	715298.572	82352.344	旧银印 13 颗 1339.780 两	
四月	504000.052	82283.072		
五月	547780.853	82607.242		
六月	915167.714	83156.618		
七月	817622.940	89365.203		
八月	766425.972	120427.245		
九月	684909.795	83743.399		
十月	479081.138	85396.909		
十一月	2365388.361	128629.417		
乾隆二十五年	**11572236**	**1750059**	旧银印 32 颗 308.29 两	
正月	266698.945	121142.217		
二月	843634.237	104766.906		
三月	697883.817	89295.079		
四月	2451402.039	90038.998		
五月	470070.780	139763.168		
六月	552270.120	139806.830		
七月	1184856.499	169132.609		
八月	1173978.622	148559.708	旧银印 32 颗 308.29 两	
九月	425827.213	139556.317		
十月	458710.823	144946.902		
十一月	2051359.128	231525.380		
十二月	995543.322	231525.380		
乾隆二十六年	**10300595**	**1235693**	旧银印 2 颗 135.9 两	
正月	284454.634	41732.842		
二月	799316.840	124041.268		
三月	595966.523	90337.499	旧银印 2 颗 135.9 两	
四月	493246.293	87048.796		
五月	834332.822	91049.207		
六月	518519.311	86216.557		

续表

时　间	银（两）	钱（串）	其　他	备　注
七月	634202.153	92995.688		
八月	1820641.440	121736.874		
九月	488381.965	85936.306		
十月	640811.857	86944.703		
十一月	536111.611	86676.079		
十二月	2654609.913	240976.829		
乾隆二十七年	**10365967**	**1515125**		
正月	285279.238	72303.247		
二月	805112.520	142494.054		
三月	542627.605	83584.869		
四月	538803.894	84303.785		
五月	502376.171	83087.696		
闰五月	408998.123	83788.693		
六月	597033.242	84759.531		
七月	1389010.695	101404.704		
八月	529145.770	177242.770		
九月	1521240.530	72131.062		
十月	412001.569	124239.342		
十一月	559559.029	87042.103		
十二月	2274778.664	318743.313		
乾隆二十八年	**9533903***	**1138024***		
乾隆二十九年	**9658131**	**1244955**		
正月	259803.037	41514.444		
二月	931220.945	121069.685		
三月	840116.517	84251.775		
四月	519357.051	85249.317		
五月	532574.588	88854.374		
六月	459378.476	88818.334		
七月	621591.882	86165.114		
八月	1117084.577	120598.419		
九月	616343.970	84162.292		

续表

时　间	银（两）	钱（串）	其　他	备　注
十月	430957.398	85228.470		
十一月	2145009.785	84860.512		
十二月	1184693.157	274181.832		
乾隆三十年	9355040	1315791		
正月	240681.157	13.500		
二月	834022.758	127279.988		
闰二月	642944.258	89919.514		
三月	808143.672	86649.546		
四月	515197.636	85177.231		
五月	519661.258	85748.522		
六月	556999.644	86510.313		
七月	528612.088	86786.308		
八月	767154.038	126263.090		
九月	492229.521	84782.923		
十月	648827.282	91242.972		
十一月	1733830.698	86464.527		
十二月	1066735.996	278952.974		
乾隆三十一年	11516935	1223258		
正月	221620.700	—		
二月	1231617.152	122846.714		
三月	672655.726	84460.600		
四月	405675.854	96126.922		
五月	530610.933	85560.888		
六月	631398.029	86440.803		
七月	505387.748	87233.236		
八月	3774952.159	121204.798		
九月	446788.376	85549.527		
十月	389711.969	85680.861		
十一月	1698260.591	96396.059		
十二月	1008255.906	271757.712		
乾隆三十二年	12456158	1296439		原册残，正月钱数不完整
正月	292930.542	1.200		

续表

时 间	银（两）	钱（串）	其 他	备 注
二月	868983.675	122039.160		
三月	588741.419	84180.034		
四月	520787.894	90744.703		
五月	638206.735	85623.666		
六月	682884.468	85164.795		
七月	3600801.433	87723.965		
闰七月	643511.053	85645.059		
八月	804187.045	124764.292		
九月	531187.220	84735.107		
十月	387949.158	86003.570		
十一月	1952350.739	85516.718		
十二月	943636.460	274296.585		
乾隆三十五年	**7381979**	**1012815**		原册残，12月数不完整
正月	234635.356	4.800		
二月	1011849.275	126881.052		
三月	484348.564	84203.209		
四月	442904.257	84537.172		
五月	451504.698	83850.720		
闰五月	502799.285	83634.517		
六月	435587.684	83660.226		
七月	566644.353	85297.327		
八月	1544745.951	123133.124		
九月	388195.625	86046.115		
十月	471012.700	85354.762		
十一月	842696.997	86212.410		
十二月	5054.100	0.019		
乾隆三十六年	**9450043**	**1177516**		
正月	303344.695	—		
二月	1137227.157	120721.051		
三月	495052.697	83819.367		

续表

时　间	银（两）	钱（串）	其　他	备　注
四月	445775.784	83235.568		
五月	468020.752	84792.323		
六月	564671.042	84869.563		
七月	522718.800	85903.328		
八月	1257482.238	115875.723		
九月	424126.398	81814.240		
十月	497041.217	83580.077		
十一月	513688.577	81949.951		
十二月	2820893.786	270955.280		
乾隆三十七年	**12071582**	**1448303**		
正月	420533.587	120547.825		
二月	1054956.264	84041.812		
三月	1717340.158	84514.382		
四月	520916.749	84569.129		
五月	619134.497	83989.597		
六月	440195.019	85150.616		
七月	1783534.824	118766.200		
八月	852810.928	82423.541		
九月	404571.399	83418.746		
十月	597363.040	83013.099		
十一月	2739253.960	268933.786		
十二月	920971.940	268933.786		
乾隆三十八年	**19029498**	**1377817** **1277817***		
正月	76219.452	4.050		
二月	6197097.433	121789.692		
三月	536069.765	84072.849		
闰三月	500532.315	85140.391		
四月	486775.168	84944.341		
五月	497050.344	84669.414		
六月	5472212.776	84765.641		
七月	600333.177	84238.024		

续表

时　间	银（两）	钱（串）	其　他	备　注
八月	831827.015	120972.522		
九月	699373.072	84859.989		
十月	455271.561	84599.209		
十一月	1729135.399	84384.732		
十二月	947600.808	373376.152		
乾隆四十年	**23083250**	**1254448**		
正月	213839.055	5000.000		
二月	5921173.473	118243.986		
三月	532379.350	81914.424		
四月	470111.383	82494.149		
五月	513407.718	81930.984		
六月	5464030.627	81960.843		
七月	550916.946	83097.276		
八月	934898.771	117932.176		
九月	533424.225	81704.286		
十月	1708529.539	82721.740		
闰十月	474370.026	82224.163		
十一月	1757753.196	82812.776		
十二月	4008415.544	272411.538		
乾隆四十一年	**9005900***	**1295309***		
乾隆四十二年	**10956360***	**1203768***		
乾隆四十三年	**9893661**	**1284113**		
正月	111731.294	3.000		
二月	1282902.753	123465.482		
三月	571636.901	84564.571		
四月	462185.360	84486.499		
五月	454337.035	84950.304		
六月	477434.338	81923.717		
闰六月	682218.332	88956.513		
七月	649054.156	81867.965		
八月	866922.292	124779.179		

续表

时间	银（两）	钱（串）	其他	备注
九月	488048.794	84545.338		
十月	459509.593	84905.914		
十一月	1265045.267	86079.580		
十二月	2122635.316	273585.281		
乾隆四十五年	8030444 10134444*	923883 1193884*		原大出册残，12月数不完整
正月	168400.168			
二月	1031857.765	122712.899		
三月	523260.289	83661.726		
四月	505841.621	85212.739		
五月	520294.358	83619.367		
六月	415102.320	85144.037		
七月	574586.303	84267.480		
八月	925793.996	119716.049		
九月	486212.898	83354.507		
十月	846221.973	86908.577		
十一月	233217.159	85521.308		
十二月	1799655.000	3764.801		
乾隆四十六年	12529821	1285811		
正月	398068.257			
二月	1202071.236	121866.329		
三月	515596.902	84674.476		
四月	587488.953	85493.895		
五月	574585.993	85541.659		
闰五月	521703.484	85456.643		
六月	531024.774	84571.386		
七月	541738.291	84317.558		
八月	941937.587	122940.997		
九月	462590.381	84614.891		
十月	477608.860	85307.103		
十一月	3863380.633	86419.386		
十二月	1912025.361	274607.117		

续表

时　间	银（两）	钱（串）	其　他	备　注
乾隆四十七年	**14356482**	**1145431**		
正月	202579.967	6.000		
二月	1300620.117	122976.256		
三月	1525669.804	85801.587		
四月	1569523.231	85438.068		
五月	1548604.617	86780.168		
六月	511841.282	24705.845		
七月	563993.864	86045.942		
八月	1064212.149	121916.265		
九月	540331.663	84203.338		
十月	477068.817	86550.720		
十一月	3695287.705	88256.269		
十二月	1356748.964	272750.415		
乾隆四十九年	**9557035**	**1381702**		
正月	160818.533	4.000		
二月	1085694.241	119651.945		
三月	572415.822	82481.495		
闰三月	477270.376	83106.478		
四月	562932.834	87934.567		
五月	546879.731	83073.129		
六月	656723.637	84036.555		
七月	556511.764	90021.083		
八月	858750.283	125061.259		
九月	514293.389	86216.416		
十月	443811.827	122838.583		
十一月	1763461.672	131408.733		
十二月	1357470.402	285867.998		
乾隆五十年	**10634978**	**1230511**		原册残，12月钱数不完整
正月	307653.125	2.250		
二月	1503406.360	134219.017		
三月	575007.819	90978.971		

续表

时间	银（两）	钱（串）	其他	备注
四月	579158.893	85614.451		
五月	598713.115	86208.978		
六月	506896.154	90247.812		
七月	551883.536	84739.522		
八月	1826604.603	120042.186		
九月	580726.277	86959.356		
十月	496321.064	84385.239		
十一月	1708244.876	84226.019		
十二月	1400362.586	282886.7xx		xx表示本月钱尾数残
乾隆五十一年	9339440	1302528		
正月	347454.686	—		
二月	1043765.510	121166.501		
三月	569409.622	84422.166		
四月	493367.349	84907.245		
五月	735712.279	89592.826		
六月	517281.099	84337.988		
七月	524680.210	85090.875		
闰七月	528973.395	89780.494		
八月	927192.941	122245.462		
九月	490206.289	85158.454		
十月	470223.459	82794.189		
十一月	1329467.590	88555.008		
十二月	1361705.186	284476.492		
乾隆五十三年	10664253	1394924		
正月	153614.780	—		
二月	1232027.167	130074.091		
三月	684120.907	83986.780		
四月	540022.886	92382.388		
五月	649821.862	85467.178		
六月	557606.138	159225.004		
七月	1502546.126	161549.311		

续表

时　间	银（两）	钱（串）	其　他	备　注
八月	889321.606	122394.506		
九月	528649.987	105099.806		
十月	569603.820	91318.790		
十一月	1970533.662	85948.112		
十二月	1386383.766	277477.771		
乾隆五十四年	**10286842**	**1298591**		
正月	174181.379	—		
二月	1206601.709	124025.236		
三月	648063.132	85046.788		
四月	608447.708	90123.004		
五月	570116.741	85578.231		
闰五月	520753.510	85834.676		
六月	532522.310	86073.065		
七月	537964.610	85054.284		
八月	1020202.127	122748.390		
九月	539460.148	84867.095		
十月	746891.567	86339.157		
十一月	1859858.689	85695.279		
十二月	1321778.276	277205.738		
乾隆五十五年	**11485435**	**1215704**		
正月	286951.025	—		
二月	1258437.904	122271.011		
三月	642123.816	85068.633		
四月	736328.160	84972.020		
五月	583354.865	83903.247		
六月	1111228.772	84156.819		
七月	558206.605	89173.085		
八月	1848251.494	120793.420		
九月	607027.124	86048.232		
十月	628282.606	85262.096		
十一月	1880222.822	90942.519		

时　间	银（两）	钱（串）	其　他	备　注
十二月	1345020.129	283112.819		
乾隆五十六年	10486587	1228972		
正月	165664.554	109.112		
二月	1184292.659	124906.065		
三月	725409.546	87582.572		
四月	564027.046	83410.223		
五月	566261.403	86257.887		
六月	546989.004	85225.530		
七月	574322.202	86482.744		
八月	974885.645	128058.004		
九月	645286.632	84943.794		
十月	472253.308	92573.086		
十一月	2719890.931	86362.634		
十二月	1347304.538	283060.046		
乾隆五十八年	9718023	1212712		
正月	350989.801	4.050		
二月	1025378.679	123322.721		
三月	618883.691	85317.658		
四月	1048340.343	86604.737		
五月	580522.271	86274.008		
六月	516364.753	85439.845		
七月	540445.707	85615.722		
八月	918221.542	123272.182		
九月	565654.640	85683.293		
十月	485447.209	86114.699		
十一月	1698803.071	87064.912		
十二月	1368971.786	277998.504		
乾隆五十九年	12672250	393870		原册残，12月银数不完整
正月	339420.938	—		
二月	1052165.118	122738.438		
三月	612799.897	86416.021		

续表

时间	银（两）	钱（串）	其他	备注
四月	612363.719	85779.046		
五月	529949.510	96373.717		
六月	523335.657	85461.278		
七月	690764.875	623.536		
八月	1447621.159	540.000		
九月	876471.215	—		
十月	599214.462	7230.672		
十一月	1914609.362	11778.019		
十二月	435xxx5.483	19668.000		xx 表示数据缺失
乾隆六十年	10747620*	142688*		
乾隆朝平均	10913497	1138334		

资料来源：①有*号标记之数，据各该年四柱册（乾隆朝四柱册数据详见本书附表30至附表40）；其他据中国社会科学院经济研究所清代抄档：《黄册·户部银库类》第14~22册。
②乾隆朝平均数计算，乾隆二十二年钱数按大出册数计，三十八年钱数、四十五年银、钱数按四柱册数计。

附表9 乾隆朝银库历年银钱出入盈亏统计（1）

年份	大进 银（两）	大进 钱（串）	大出 银（两）	大出 钱（串）	盈亏（+、-）银（两）	盈亏（+、-）钱（串）
乾隆一年	14789281	645172	15400142	1120449	-610861	-475277
乾隆三年	10427790	653604	9954450	675705	+473340	-22101
乾隆五年	8240136	1006283	10337236	993209	-2097100	+13074
乾隆十三年	8187984*	1017312*	13087744*	1013387*	-4899760	+3925
乾隆十八年	11619370	1077567	10379263	1075730	+1240107	+1837
乾隆二十年	15639475	1086862	10247839*	1086942*	+5391636	-80
乾隆二十二年	9318433*	1203957*	12388209	1214285	-3069776	-10328
乾隆二十五年	10336272	1560585	11572236	1750059	-1235964	-189474
乾隆二十六年	11442266	1197764	10300595	1235693	+1141671	-37929
乾隆二十八年	14669589	1137386	9533903*	1138024*	+5135686	-638
乾隆二十九年	16868335	1245961	9658531	1244955	+7210804	+1006
乾隆三十年	15417601	1315785	9355040	1315791	+6062561	-6
乾隆三十七年	11871843	1178843	12071582	1448303	-199739	-269460
乾隆三十八年	8966307*	1277811*	19029498	1277817*	-10063191	-6

续表

年 份	大 进		大 出		盈 亏（+、-）	
	银（两）	钱（串）	银（两）	钱（串）	银（两）	钱（串）
乾隆四十年	14134913*	1254947*	23083250	1254448	-8948337	+499
乾隆四十一年	18711298	1294815*	9005900*	1295309*	+9705398	-494
乾隆四十二年	18117732*	1203459*	10956360*	1203768*	+7161372	-309
乾隆四十三年	11477632	1284266	9893661	1284113	+1583971	+153
乾隆四十五年	10567108*	1193808*	10134444*	1193884*	+432664	-76
乾隆四十六年	13930618	1285728	12529821	1285811	+1400797	-83
乾隆四十七年	13657359	1206487	14356482	1145431	-699123	+61056
乾隆四十九年	12407397	1382518	9557035	1381702	+2850362	+816
乾隆五十一年	7461334	1301573	9339440	1302528	-1878106	-955
乾隆五十五年	16230598	1219814	11485435	1215704	+4745163	+4410
乾隆五十八年	10111935	1213081	9718023	1212712	+393912	+369
乾隆五十九年	9179009	517268	12672250	393870	-3493241	+123398
乾隆六十年	8665152	142656	10747620*	142688*	-2082468	-32
乾隆朝各年平均	12312843	1115012	11733170	1144530	+579673	-29518

资料来源：据附表7、附表8。

附表10 乾隆朝银库历年银钱出入盈亏统计（2）

年 份	大进（万两）	大出（万两）	盈亏（万两）	附：乾隆清单年末结存数（万两）
乾隆一年	1479	1540	-61	3396
乾隆二年	1473	(1430)	+43	3439
乾隆三年	1043	995	+47	3486
乾隆四年	—	—	-228	3258
乾隆五年	824	1034	-210	3049
乾隆六年	—	—	+97	3146
乾隆七年	—	—	+129	3275
乾隆八年	(801)	1164	-363	2912
乾隆九年	1346	(1158)①	+188	3190④
乾隆十年	—	—	+127	3317
乾隆十一年	1062	(916)	+146	3463
乾隆十二年	—	—	-227	3236

续表

年　份	大进（万两）	大出（万两）	盈亏（万两）	附：乾隆清单年末结存数（万两）
乾隆十三年	819*	1309*	-490	2746
乾隆十四年	1010	(949)②	+61	2807
乾隆十五年	—	—	+273	3080⑤
乾隆十六年	—	—	+169	3249
乾隆十七年	—	—	+614	3863
乾隆十八年	1162	1038	+124	3987
乾隆十九年	1425	(1651)	-226	3761
乾隆二十年	1564	1025*	+539	4300
乾隆二十一年	—	—	+22	4322
乾隆二十二年	932*	1239	-307	4015
乾隆二十八年	—	—	-377	3638
乾隆二十四年	—	—	+35	3673
乾隆二十五年	1034	1157	-123	3550
乾隆二十六年	1144	1030	+114	3664
乾隆二十七年	(1566)	1037	+529	4193
乾隆二十八年	1467	953*	+514	4706
乾隆二十九年	1687	966	+721	5427
乾隆三十年	1542	936	+606	6034
乾隆三十一年	(1779)	1152	+627	6661
乾隆三十二年	(1235)	1246	-11	6650
乾隆三十三年	—	—	+532	7182
乾隆三十四年	—	—	+440	7622
乾隆三十五年	1098	(990)③	+108	7730
乾隆三十六年	(1109)	945	+164	7894
乾隆三十七年	1187	1207	-20	7874
乾隆三十八年	897*	1903	-1006	6868⑥
乾隆三十九年	1759	(1336)	+423	7391
乾隆四十年	1413*	2308	-895	
乾隆四十一年	1871	901*	+971	
乾隆四十二年	1812*	1096*	+716	
乾隆四十三年	1148	989	+158	

续表

年 份	大进（万两）	大出（万两）	盈亏（万两）	附：乾隆清单年末结存数（万两）
乾隆四十五年	1057*	1013*	+43	
乾隆四十六年	1393	1253	+140	
乾隆四十七年	1366	1436	-70	
乾隆四十九年	1241	956	+285	
乾隆五十一年	746	934	-188	
乾隆五十五年	1623	1149	+474	
乾隆五十八年	1011	972	+39	
乾隆五十九年	918	1267	-349	
乾隆六十年	867	1075*	-208	
乾隆朝各年平均	1254	1164	+99⑦ +90⑧	

注：①按本年大出册统计为532万两，但原册残，缺9～12月数，故重新计算。
②按本年大出册统计为687万两，但原册残，缺12月数，故重新计算。
③按本年大出册统计为738万两，但原册残，数据不完整，故重新计算。
④按本年盈余数计算，年末库存应为3100万两。
⑤按本年盈余数计算，年末库存应为3077万两。
⑥乾隆清单原数为6968万两，据本年四柱改。
⑦此数为根据表内历年盈亏数字计算的结果。
⑧此为根据历年大进、大出平均数（各39个年份平均）计算的结果。
资料来源：据附表7、附表8、附表70。本表产生方法，见附表6说明。乾隆十五年、十七年、二十三年均无大进数，大出数因原册残缺亦不完整；乾隆十六年无大出数，大进数因原册残缺不完整，此4年均不再计算其缺失的大进或大出数。

附表11 嘉庆朝银库历年大进银钱统计

时 间	银（两）	钱（串）	备 注
嘉庆元年	5734496	770978 591663*	
正月	35567.737	—	
二月	19907.380	10343.937	
三月	580676.248	101301.100	
四月	403758.427	9400.737	
五月	131312.332	10308.558	
六月	102637.008	9601.847	
七月	243502.688	11140.676	
八月	170102.227	9910.587	

续表

时　间	银（两）	钱（串）	备　注
九月	98542.917	8210.034	
十月	2077438.584	97937.738	
十一月	772285.462	12988.384	
十二月	1098765.000	489834.559	
嘉庆三年	**16413926**	**529854**	
正月	20929.790	—	
二月	12110.008	7700.904	
三月	166184.160	9017.354	
四月	32496.348	8642.253	
五月	92613.729	9064.981	
六月	257046.761	8563.133	
七月	1720922.571	9486.039	
八月	140515.837	9323.477	
九月	4635710.160	9730.345	
十月	2798562.066	9835.504	
十一月	120024.121	17163.902	
十二月	6416810.628	431326.304	
嘉庆六年	**9301963**	**1166731**	
正月	60102.784	420.000	
二月	151888.293	134214.484	
三月	99742.434	13358.803	
四月	208117.689	13223.238	
五月	94057.051	51876.098	
六月	87171.628	123659.083	
七月	2355834.955	230346.017	
八月	233674.833	140067.763	
九月	910437.709	53598.805	
十月	489407.283	52111.211	
十一月	743662.087	61796.563	
十二月	3867866.402	292058.630	
嘉庆七年	**11496754**	**1534981**	
正月	394694.715	1578.615	

续表

时　　间	银（两）	钱（串）	备　　注
二月	359829.415	171168.031	
三月	34537.446	52208.990	
四月	409277.995	90870.142	
五月	371800.677	96105.438	
六月	187626.356	74792.724	
七月	60820.090	197183.457	
八月	101588.238	194689.206	
九月	5680921.733	92167.185	
十月	234752.495	90061.068	
十一月	360022.463	89582.643	
十二月	3300882.002	384573.972	
嘉庆九年	**13771203**	**1242982**	
正月	98485.322	1055.226	
二月	51164.632	65462.288	
三月	252275.126	161265.684	
四月	420088.428	93164.446	
五月	109051.698	88947.289	
六月	281467.628	93351.541	
七月	230173.797	89178.765	
八月	28038.957	90107.464	
九月	4165598.834	91622.482	
十月	163187.722	89983.820	
十一月	116158.516	90887.563	
十二月	7855512.249	287955.263	
嘉庆十年	**13933953**	**1041508** **1327850**[*]	
正月	894095.601	—	
二月	464153.514	98776.481	
三月	128420.164	88893.203	
四月	411582.315	95958.470	
五月	241612.850	92195.051	

续表

时　间	银（两）	钱（串）	备　注
六月	215991.852	92210.646	
闰六月	559059.873	100361.205	
七月	91777.540	93958.301	
八月	4740523.535	93758.323	
九月	547565.774	93927.988	
十月	1134291.370	97097.032	
十一月	127323.043	94371.421	
十二月	4377555.465	286341.514	
嘉庆十二年	**6938704**	**1438237**	
正月	299403.203	3.633	
二月	1248233.708	109809.696	
三月	790056.856	143904.084	
四月	375335.429	72261.834	
五月	438689.693	97420.961	
六月	207308.428	120906.337	
七月	4595.017	120979.121	
八月	356817.465	159852.824	
九月	113973.660	125009.934	
十月	102658.879	103604.352	
十一月	69656.020	103360.281	
十二月	2931975.308	281123.644	
嘉庆十三年	**9736061**	**1248030**	
正月	518104.674	—	
二月	587448.297	85871.879	
三月	382109.476	93460.568	
四月	440681.623	103194.917	
五月	1469624.100	85039.384	
闰五月	599146.945	85039.348	
六月	819850.810	96837.229	
七月	22266.667	96701.374	
八月	444989.846	89138.261	

续表

时　间	银（两）	钱（串）	备　注
九月	511176.230	95029.756	
十月	247960.651	105814.336	
十一月	374228.038	103031.390	
十二月	3318473.818	208871.543	
嘉庆十四年	9579282	1280432	原册残，12月总数据细数相加得出
正月	628191.929	654.640	
二月	494193.868	91877.921	
三月	177936.021	114563.771	
四月	470344.666	93226.970	
五月	271814.696	97737.550	
六月	162964.163	131498.184	
七月	199778.195	89393.645	
八月	230611.166	129005.289	
九月	165573.630	103204.397	
十月	221174.134	118294.855	
十一月	1031626.791	99542.805	
十二月	(5525072.876)	(211432.040)	原册残，本月总数据细数相加得出
嘉庆十六年	9448666*	1366085*	
嘉庆十七年	7712803	1151100	
正月	23338.702	—	
二月	534302.145	88767.740	
三月	1045390.618	103842.740	
四月	435226.191	95989.532	
五月	716436.115	97085.644	
六月	324814.305	95235.240	
七月	120046.905	72954.301	
八月	169341.355	60552.318	
九月	319015.852	55845.627	
十月	220028.244	80398.869	
十一月	313176.846	145884.137	

续表

时　间	银（两）	钱（串）	备　注
十二月	3491685.464	254544.028	
嘉庆十九年	**12100661**	**1312241**	
正月	500425.355	500.429	
二月	910519.684	83783.200	
闰二月	494752.282	80929.240	
三月	1135752.673	89054.522	
四月	611246.139	80907.282	
五月	126496.480	88220.332	
六月	589706.198	73719.662	
七月	560605.549	95912.000	
八月	281391.592	142269.119	
九月	277861.621	156637.886	
十月	364258.049	89738.381	
十一月	233133.391	118813.360	
十二月	6014511.823	211755.087	
嘉庆二十年	**12435695**	**1142974**	
正月	411633.893	—	
二月	624828.166	88829.240	
三月	391108.280	88746.240	
四月	447112.199	91633.446	
五月	4875342.899	99411.093	
六月	267385.795	95343.592	
七月	180370.550	97659.261	
八月	80706.232	96921.096	
九月	669480.775	94414.022	
十月	306800.047	90004.000	
十一月	500296.141	91251.340	
十二月	3680629.657	208760.747	
嘉庆二十一年	**9451035***	**1496370***	
嘉庆二十二年	**10637957**	**1168451**	
正月	307651.444	—	

续表

时 间	银（两）	钱（串）	备 注
二月	1177455.442	97868.373	
三月	912703.003	92726.000	
四月	751304.853	95329.640	
五月	310292.786	102881.531	
六月	419397.599	99526.709	
七月	415399.440	95473.030	
八月	434148.249	97253.536	
九月	664460.650	97002.167	
十月	1147029.542	99008.305	
十一月	444901.663	99496.140	
十二月	3653212.554	191886.000	
嘉庆二十三年	13990810*	1195427*	
嘉庆二十四年	15217960	1257461	
正月	814519.382	6.000	
二月	1794329.944	30056.467	
三月	1410486.687	165198.590	
四月	1338982.350	92508.618	
闰四月	1058073.193	93304.530	
五月	1185852.210	86321.220	
六月	553370.725	96521.347	
七月	819628.968	100248.177	
八月	325470.706	87796.918	
九月	967379.390	97583.660	
十月	1172406.165	89645.938	
十一月	483596.130	92765.131	
十二月	3293864.067	225504.056	
嘉庆朝平均	11053055	1202992	

资料来源：①有*号标记之数，据各该年四柱册（嘉庆朝四柱册数据详见本书附表41至附表50）；其他据中国社会科学院经济研究所清代抄档：《黄册·户部银库类》第8~10册。

②嘉庆朝平均数计算，嘉庆元年钱数、十年钱数按四柱册数计。

附表 12　嘉庆朝银库历年大出银钱统计

时　间	银（两）	钱（串）	备　注
嘉庆元年	**18541762**	**591624**	
正月	210082.899	—	
二月	1247380.622	10338.596	
三月	1058542.774	10099.085	
四月	1411379.980	9123.021	
五月	648869.002	10380.345	
六月	632565.621	9840.168	
七月	594945.193	9795.052	
八月	2990993.503	9027.961	
九月	653407.450	10457.354	
十月	2528263.178	9469.169	
十一月	3988467.458	10973.318	
十二月	2576864.547	492120.216	
嘉庆二年	**35168049**	**587088**	
正月	160539.521	726.700	
二月	1308271.772	9751.755	
三月	4618336.931	10092.812	
四月	990466.545	9470.161	
五月	662726.900	10577.624	
六月	4576905.937	9319.354	
闰六月	6555199.410	10029.154	
七月	555261.620	10086.832	
八月	4977504.826	10754.401	
九月	1030885.536	9813.666	
十月	2535771.326	11149.360	
十一月	5957401.789	10024.984	
十二月	1238777.321	475291.427	
嘉庆三年	**25147965***	**529739***	
嘉庆四年	**17949180**	**1382302**	原册残，12月数有缺
正月	89644.058	—	
二月	1413628.323	10147.573	

续表

时间	银（两）	钱（串）	备注
三月	3249706.757	9579.082	
四月	661580.746	11530.963	
五月	2140226.815	13848.642	
六月	695137.315	17641.119	
七月	1082612.375	397144.652	
八月	3754704.979	16294.032	
九月	571188.541	32678.849	
十月	795599.209	39132.114	
十一月	585020.523	50924.008	
十二月	291013x.566	783380.690	x表示本月银数个位残
嘉庆五年	**13117179**	**1337367**	
正月	956169.126	1369.876	
二月	2725597.081	109916.847	
三月	642948.597	109222.248	
四月	1046062.111	109901.445	
闰四月	1366686.794	54069.754	
五月	1006911.120	51915.626	
六月	538980.011	56845.703	
七月	558063.291	55265.942	
八月	1019602.643	171574.812	
九月	629750.042	51300.241	
十月	803221.051	59223.168	
十一月	571397.356	53085.659	
十二月	1251789.326	453675.967	
嘉庆七年	**8972546**	**1534843**	
正月	373044.671	173.598	
二月	1264390.913	172184.011	
三月	755688.826	52468.304	
四月	594365.278	86549.127	
五月	657337.274	87483.526	
六月	551119.771	87061.393	

续表

时　间	银（两）	钱（串）	备　注
七月	541678.253	198019.779	
八月	1000697.489	194354.921	
九月	515330.608	92063.730	
十月	547028.902	88442.391	
十一月	618105.692	90103.303	
十二月	1553758.648	385939.331	
嘉庆八年	**9720027**	**1355672**	原册残，12月数有缺
正月	546588.630	1342.613	
二月	1384266.385	89180.280	
闰二月	585307.889	88168.037	
三月	574303.653	91961.611	
四月	669286.266	91214.281	
五月	492872.273	89621.502	
六月	642055.267	89127.170	
七月	682490.280	90098.252	
八月	1178729.557	91877.136	
九月	511427.764	91881.915	
十月	601063.517	97001.198	
十一月	556374.959	92507.709	
十二月	129526x.777	351690.223	本月原册残
嘉庆九年	**9228114**	**1340321**	
正月	227122.109	1055.226	
二月	1305156.431	165527.617	
三月	539107.562	160939.221	
四月	625276.201	93423.379	
五月	488340.522	89012.031	
六月	509176.250	93347.862	
七月	688521.246	89208.738	
八月	955806.969	90264.004	
九月	536775.810	91561.427	
十月	607849.073	89986.450	

续表

时　间	银（两）	钱（串）	备　注
十一月	1302805.091	90993.039	
十二月	1442176.927	285001.854	
嘉庆十年	10117518 11027518*	1330552	
正月	409558.937	0.500	
二月	1185763.559	94900.171	
三月	607151.547	94977.086	
四月	612614.634	96631.968	
五月	1997161.905	91772.849	
六月	551212.786	92591.660	
闰六月	669194.981	100324.255	
七月	735290.198	93729.496	
八月	101341.708	93878.974	
九月	503794.202	94052.664	
十月	519098.516	97036.500	
十一月	642716.924	94371.172	
十二月	1582618.378	286284.636	
嘉庆十二年	9871636	1486325 1446607*	
正月	394293.347	1808.801	
二月	1157584.234	94318.034	
三月	766308.110	171897.807	
四月	579149.927	95132.109	
五月	536070.043	94160.660	
六月	678398.002	101748.652	
七月	625336.587	136141.910	
八月	1071047.269	131498.732	
九月	508119.509	135961.143	
十月	535573.787	135961.143	
十一月	1515307.044	100783.038	
十二月	1504448.170	286913.133	
嘉庆十三年	9350104	1159101	
正月	206294.429	—	

续表

时　间	银（两）	钱（串）	备　注
二月	1422761.035	96083.977	
三月	775080.431	94377.984	
四月	588522.551	96886.199	
五月	515585.781	100602.231	
六月	595345.888	95934.032	
七月	767802.651	93927.528	
八月	1011997.218	91139.050	
九月	552744.796	92878.332	
十月	526508.708	92404.747	
十一月	862180.191	96837.220	
十二月	1525280.744	208029.611	
嘉庆十四年	**8830739**	**1294884**	原册残，12月数有缺
正月	388950.946	1234.994	
二月	1162905.722	92426.933	
三月	652662.241	95674.072	
四月	505061.419	95055.999	
五月	564763.471	97853.102	
六月	445263.845	129901.314	
七月	860825.239	131900.922	
八月	1004347.351	130023.867	
九月	527566.762	91309.927	
十月	690027.158	136254.667	
十一月	496562.400	90024.440	
十二月	15318x2.554	203224.xxx	本月银数十位残，钱数尾数残
嘉庆十六年	**11572992**	**1365986**	
正月	423533.727	—	
二月	1172670.325	90404.798	
三月	730169.690	100313.388	
闰三月	535512.209	94517.327	
四月	778482.171	95398.191	
五月	743715.161	93104.539	

续表

时　间	银（两）	钱（串）	备　注
六月	559722.762	94714.062	
七月	696706.255	101185.515	
八月	1123027.261	96249.163	
九月	610821.572	95689.956	
十月	664440.147	92370.459	
十一月	1972436.531	146327.301	
十二月	1561754.310	265711.565	
嘉庆十七年	**9769631**	**1150003**	
正月	369703.528	—	
二月	1225984.561	89130.690	
三月	635123.684	102775.362	
四月	713257.686	99416.093	
五月	571083.727	93044.602	
六月	536781.312	95754.238	
七月	841428.929	95041.327	
八月	1024795.985	93336.248	
九月	536489.055	94956.246	
十月	637201.534	93886.857	
十一月	1098934.624	91258.610	
十二月	1578845.939	201402.955	
嘉庆十八年	**9093867**	**1158252**	
正月	336309.718	727.050	
二月	1121850.034	93415.534	
三月	623609.103	93601.338	
四月	760694.134	91297.296	
五月	770495.869	94127.463	
六月	606101.267	93762.152	
七月	646084.998	100702.792	
八月	1079231.397	94132.970	
九月	513142.413	92966.391	
十月	537422.577	96709.272	
十一月	534100.918	95888.385	

续表

时　间	银（两）	钱（串）	备　注
十二月	1564824.222	210921.634	
嘉庆十九年	**9679662**	**1300769**	
正月	135979.105	595.283	
二月	1341168.513	90792.917	
闰二月	599199.483	95306.497	
三月	573044.802	98972.644	
四月	497670.122	101324.906	
五月	549824.107	93856.342	
六月	518366.510	94623.904	
七月	573335.555	121235.544	
八月	1092742.261	99595.138	
九月	545170.063	101244.906	
十月	507594.962	94048.882	
十一月	546538.185	99711.273	
十二月	2199028.033	209461.189	
嘉庆二十年	**9686981**	**1184843**	
正月	373130.208	1884.655	
二月	1136900.843	96418.493	
三月	598668.989	99980.763	
四月	569729.258	98259.613	
五月	664921.952	100058.186	
六月	518208.702	99777.830	
七月	667760.174	93422.011	
八月	1012029.310	96401.755	
九月	486861.634	94177.310	
十月	557750.966	97561.878	
十一月	1552634.929	99076.365	
十二月	1548384.506	207824.410	
嘉庆二十一年	**8778984** **10379921** *	**1222295** **1429077** *	原大出册残，缺 12 月数
正月	226835.169	3789.943	
二月	1288814.462	94684.581	

续表

时　间	银（两）	钱（串）	备　注
三月	687166.225	99225.377	
四月	495418.723	102074.169	
五月	566293.070	93366.485	
六月	507729.337	240591.500	
闰六月	557637.477	99320.485	
七月	783915.053	104346.530	
八月	1008958.174	94793.222	
九月	549788.779	98035.228	
十月	495068.975	96112.788	
十一月	1611358.202	95954.468	
嘉庆二十二年	10487742	1247637	
正月	388972.228	1405.075	
二月	1240618.290	103624.802	
三月	772818.194	114258.000	
四月	607064.385	93921.268	
五月	505584.810	111979.049	
六月	657123.817	114782.104	
七月	633092.912	103049.403	
八月	1105242.119	100291.933	
九月	579408.240	99533.393	
十月	537570.571	96892.268	
十一月	674081.205	97993.791	
十二月	2786165.626	209905.429	
嘉庆二十三年	9951357	1151300	
正月	398750.099	—	
二月	1043974.650	93361.422	
三月	729656.862	96942.529	
四月	585554.188	88001.886	
五月	571184.701	92097.038	
六月	566475.754	94044.184	

续表

时　间	银（两）	钱（串）	备　注
七月	905238.943	95916.566	
八月	932356.271	89709.089	
九月	609310.766	96688.497	
十月	561037.163	99687.178	
十一月	601712.131	97114.324	
十二月	2446105.423	207737.089	
嘉庆二十四年	**10933233**	**1245253**	
正月	341302.478	2507.718	
二月	1406687.204	90909.875	
三月	659444.280	95422.413	
四月	577666.324	92869.184	
闰四月	564959.105	95259.123	
五月	490097.682	95974.391	
六月	743788.796	104117.743	
七月	586394.500	92592.337	
八月	1032306.361	96194.752	
九月	554861.045	90603.897	
十月	743134.592	91208.274	
十一月	1616642.418	92705.069	
十二月	1615948.692	204887.971	
嘉庆二十五年	**11007664**	**1261375**	
正月	147570.621	1226.769	
二月	1287624.543	86115.656	
三月	736977.666	92706.328	
四月	581474.727	93211.819	
五月	463647.924	89546.705	
六月	505457.867	92403.234	
七月	682342.203	215841.705	
八月	1005402.814	90938.718	
九月	723703.404	98456.367	

续表

时间	银（两）	钱（串）	备注
十月	987853.934	92748.389	
十一月	644434.964	98435.220	
十二月	3241173.393	209744.298	
嘉庆朝平均	12703994	1199300	

资料来源：①有*号标记之数，据各该年四柱册（嘉庆朝四柱册数据详见本书附表41至附表50）；嘉庆十三年数，据中国第一历史档案馆：《内阁黄册·嘉庆十三年分银库大出黄册》；其他据中国社会科学院经济研究所清代抄档：《黄册·户部银库类》第23~27册。

②嘉庆朝平均数计算，嘉庆十年银数、十二年钱数、二十一年银、钱数均按四柱册数计。

附表13 嘉庆朝银库历年银钱出入盈亏统计

年份	大进 银（两）	大进 钱（串）	大出 银（两）	大出 钱（串）	盈亏（+、-）银（两）	盈亏（+、-）钱（串）
嘉庆一年	5734496	591663*	18541762	591624	-12807266	+39
嘉庆三年	16413926	529854	25147965*	529739*	-8734039	+115
嘉庆七年	11496754	1534981	8972546	1534843	+2524208	+138
嘉庆九年	13771203	1242982	22198114	1240321	-8426911	+2661
嘉庆十年	13933953	1327850*	11027518*	1330552	+2906434	-2702
嘉庆十二年	6938704	1438237	9871636	1446607*	-2932932	+74438
嘉庆十三年	9736061	1248030	9350104	1159101	+385957	+88929
嘉庆十四年	9579282	1280432	8830739	1294884	+748543	-14452
嘉庆十六年	9448666*	1366085*	11572992	1365986	-2124326	+99
嘉庆十七年	7712803	1151100	9769631	1150003	-2056828	+1097
嘉庆十九年	12100661	1312241	9679662	1300769	+2420999	+11472
嘉庆二十年	12435695	1142974	9686981	1184844	+2748714	-41870
嘉庆二十一年	9451035*	1496370*	10379921*	1429077*	-928886	+67293
嘉庆二十二年	10637957	1168451	10487742	1247637	+150215	+67293
嘉庆二十三年	13990810*	1195427*	9951357	1151300	+4039453	+44127
嘉庆二十四年	15217960	1257461	10933233	1245253	+4284727	+12208
嘉庆朝各年平均	11162498	1205259	12275119	1200159	-1112621	+5100

资料来源：据附表11、附表12。

附表 14　道光朝银库历年大进银钱统计

时　间	银（两）	钱（串）	备　注
道光元年	**7630389**	**1102200** **1202200** *	
正月	422106.530	—	
二月	159454.383	94891.928	
三月	385615.222	52881.585	
四月	217332.534	45191.866	
五月	320465.522	94549.053	
六月	831167.304	103926.163	
七月	151014.535	91340.000	
八月	58059.275	102762.398	
九月	670691.589	102017.125	
十月	491875.164	94969.640	
十一月	388290.366	94739.451	
十二月	3534316.532	224930.458	
道光二年	**7060251**	**1189489**	
正月	718506.287	—	
二月	181055.919	68425.712	
三月	261643.130	91695.723	
闰三月	222016.789	93802.306	
四月	80802.377	84846.630	
五月	238268.355	95801.366	
六月	311665.935	98652.778	
七月	164637.318	94402.640	
八月	79933.214	96977.664	
九月	91420.503	93511.640	
十月	148166.410	59025.640	
十一月	1222092.610	115189.726	
十二月	3340042.482	197157.286	
道光三年	**8183826**	**1121547**	
正月	689255.721	—	
二月	785257.648	98219.755	
三月	803324.439	60429.524	

续表

时　间	银（两）	钱（串）	备　注
四月	864305.690	57661.166	
五月	589577.429	59611.490	
六月	346529.798	99275.600	
七月	299517.680	93485.500	
八月	152503.852	91131.040	
九月	223730.677	95664.000	
十月	138420.732	100549.087	
十一月	277943.395	90520.739	
十二月	3013459.104	274999.587	
道光四年	**6979498**	**1248822**	
正月	161276.607	—	
二月	388050.207	97092.469	
三月	247173.472	111946.614	
四月	261350.987	89588.323	
五月	296402.638	96752.774	
六月	24757.422	102086.084	
七月	233519.339	92488.214	
闰七月	443358.298	95858.658	
八月	266488.252	94351.030	
九月	293549.168	96550.155	
十月	958702.140	98037.413	
十一月	171667.798	14827.911	
十二月	3233201.972	259242.772	
道光五年	**8507036**	**1183440**	
正月	332301.159	—	
二月	462383.719	90875.000	
三月	168525.904	94617.669	
四月	391206.457	95264.408	
五月	342403.391	90358.523	
六月	359713.450	95495.382	
七月	1054946.854	70094.096	

续表

时　间	银（两）	钱（串）	备　注
八月	724307.273	86054.666	
九月	539894.969	45003.000	
十月	404340.823	135540.736	
十一月	545632.747	92427.617	
十二月	3181378.802	287708.996	
道光七年	**23802617**	**1232145**	
正月	520208.820	—	
二月	771402.903	90200.000	
三月	1163824.720	96986.400	
四月	1375595.088	94916.859	
五月	637380.831	98739.856	
闰五月	485214.782	93444.268	
六月	656305.246	83522.925	
七月	1094964.367	96921.000	
八月	800430.330	95866.031	
九月	293246.587	101355.573	
十月	656488.146	93725.133	
十一月	1012176.160	97235.500	
十二月	14335379.239	189231.106	
道光八年	**14422806**	**1166798**	
正月	290795.347	—	
二月	1591436.974	94085.000	
三月	2914259.313	94897.836	
四月	696170.090	96546.833	
五月	532505.636	97566.620	
六月	282639.827	93346.400	
七月	389287.292	95459.814	
八月	396941.653	96187.767	
九月	1175044.290	101050.616	
十月	994113.297	95602.582	
十一月	1055030.711	94551.400	

续表

时　间	银（两）	钱（串）	备　注
十二月	4104581.911	207502.751	
道光九年	**11557959**	**1119826**	
正月	7282.506	—	
二月	883328.881	96846.400	
三月	816413.153	95632.500	
四月	846671.817	58096.400	
五月	1165955.276	57058.115	
六月	507528.460	58076.000	
七月	1156244.368	95149.838	
八月	244676.943	95018.693	
九月	1260225.088	98164.997	
十月	483221.299	97978.548	
十一月	1317235.200	97546.400	
十二月	2869175.784	270258.442	
道光十年	**11289651**	**1172528**	
正月	350283.095	—	
二月	1073480.713	94860.000	
三月	1246290.457	94754.400	
四月	842317.011	92556.400	
闰四月	882412.623	100572.256	
五月	313753.322	79050.400	
六月	621281.536	96846.400	
七月	267916.146	86500.000	
八月	553818.493	75317.497	
九月	1110246.711	75249.600	
十月	837775.857	89337.400	
十一月	244772.384	75351.244	
十二月	2945302.695	212132.113	
道光十二年	**8019701**	**1212995**	
正月	99273.948	—	
二月	372331.811	98052.250	

续表

时　间	银（两）	钱（串）	备　注
三月	830038.932	88538.932	
四月	997975.642	91416.689	
五月	1150735.175	79231.580	
六月	414761.422	93546.800	
七月	275533.779	101003.891	
八月	90895.282	77400.000	
九月	406162.184	117519.211	
闰九月	346155.182	97979.000	
十月	191824.895	92573.796	
十一月	94210.302	88290.641	
十二月	2749802.020	187442.573	
道光十三年	**7160869**	**1152766**	
正月	224164.282	—	
二月	254795.164	86182.400	
三月	1506952.511	94036.927	
四月	596014.978	96295.149	
五月	234004.520	87626.545	
六月	436383.596	99481.008	
七月	343958.349	92749.031	
八月	15509.315	96916.843	
九月	299547.671	99695.285	
十月	687522.206	97302.115	
十一月	98299.352	94499.573	
十二月	2463716.784	207981.059	
道光十四年	**15522250**	**1183232**	11月份钱额与细数相加不符，细数有问题
正月	200283.496	—	
二月	356421.662	95025.672	
三月	426898.013	95096.136	
四月	280687.932	95141.773	
五月	521282.964	100815.261	
六月	291688.083	96386.095	

续表

时　间	银（两）	钱（串）	备　注
七月	465146.941	91489.042	
八月	440468.964	94141.376	
九月	678221.798	98522.739	
十月	57374.778	93724.642	
十一月	627845.827	96400.569	
十二月	11175929.346	226488.679	
道光十六年	**9551051**	**1148372**	
正月	400116.451	—	
二月	491007.072	90863.400	
三月	1174381.012	95943.393	
四月	1015092.361	96224.167	
五月	829462.991	92701.655	
六月	480721.308	95288.237	
七月	378676.882	94645.278	
八月	280446.349	92946.740	
九月	592038.501	95093.345	
十月	435908.661	97197.353	
十一月	780960.563	94437.391	
十二月	2692239.319	203031.452	
道光十九年	**8691741**	**1143851**	
正月	643712.464	—	
二月	1020240.070	96468.255	
三月	301374.877	93316.656	
四月	630745.268	91543.861	
五月	786536.711	92042.236	
六月	717250.039	94566.372	
七月	100885.777	94837.743	
八月	598008.430	93333.389	
九月	469624.436	92975.375	
十月	325199.452	95415.289	
十一月	548839.601	93327.352	

续表

时 间	银（两）	钱（串）	备 注
十二月	2549323.801	206024.040	
道光二十年	10349975	1137631	3月及12月总计数与细数相加不符
正月	—	—	
二月	2532343.951	90849.874	
三月	311098.948	92923.904	总计数与细数相加不符
四月	592661.132	102331.732	
五月	837295.959	86043.236	
六月	859340.333	95692.972	
七月	388362.711	90659.833	
八月	196099.136	94947.301	
九月	758248.378	92608.013	
十月	486070.264	95266.675	
十一月	978994.441	92037.968	
十二月	2409459.954	204269.402	总计数与细数相加不符
道光二十一年	6796038	1233614	
正月	790755.792	—	
二月	621875.102	101450.232	
三月	634056.134	132139.359	
闰三月	220368.375	49610.029	
四月	608758.011	191884.535	
五月	481516.345	91575.331	
六月	128276.633	88926.100	
七月	251318.792	9361.457	
八月	157627.257	104031.109	
九月	119963.137	60468.270	
十月	268593.051	54203.182	
十一月	348087.586	158320.251	
十二月	2164841.718	191644.388	
道光二十二年	10914111	1144433	
正月	475998.686	—	
二月	330572.588	175527.293	

续表

时　间	银（两）	钱（串）	备　注
三月	198743.842	93144.014	
四月	34165.837	97174.047	
五月	77268.513	89614.565	
六月	114200.401	94291.051	
七月	308786.032	18445.063	
八月	165712.279	166244.726	
九月	82038.102	97112.311	
十月	227278.212	94377.639	
十一月	310264.438	101507.966	
十二月	8589081.672	116994.148	
道光二十三年	**7919693**	**1222831**	
正月	227955.472	—	
二月	43860.306	170663.661	
三月	935423.594	90914.540	
四月	31781.878	93288.571	
五月	437111.643	91211.566	
六月	183915.041	93330.543	
七月	414428.496	93312.588	
闰七月	137439.691	15786.888	
八月	172811.901	168196.015	
九月	344713.887	92791.864	
十月	1890457.477	94339.764	
十一月	134311.227	98385.762	
十二月	2965482.032	120609.669	
道光二十五年	**9069654**	**1160832**	
正月	131602.842	—	
二月	1077193.107	97022.200	
三月	1206446.535	96960.200	
四月	456961.761	96545.679	
五月	562692.529	97016.403	
六月	748176.714	96920.200	

续表

时 间	银（两）	钱（串）	备 注
七月	763379.300	97685.099	
八月	501250.242	96997.568	
九月	300124.865	96938.864	
十月	1123807.918	96967.500	
十一月	477137.254	97112.168	
十二月	1720880.756	190666.089	
道光二十六年	**9044024**	**1209094**	
正月	948142.290	—	
二月	620221.621	97035.200	
三月	301669.974	97030.200	
四月	545507.824	95386.990	
五月	609384.736	98691.660	
闰五月	846788.182	96940.200	
六月	583838.289	73504.000	
七月	324512.377	97895.994	
八月	380748.359	95157.193	
九月	461805.045	90178.316	
十月	627816.808	88415.309	
十一月	1259396.755	88501.308	
十二月	1534191.946	190357.852	
道光二十八年	**8872940**	**1165946**	
正月	220040.678	—	
二月	708583.596	97409.427	
三月	1050502.213	92496.989	
四月	674479.145	91145.051	
五月	1010705.963	100263.558	
六月	435513.821	100440.412	
七月	682494.255	103476.414	
八月	507032.949	97431.120	
九月	720590.034	97333.120	
十月	255629.921	97333.120	

续表

时间	银（两）	钱（串）	备注
十一月	273155.315	97444.439	
十二月	2334211.745	191172.397	
道光二十九年	8507408	1238528	
正月	737928.259	—	
二月	874168.705	97333.120	
三月	738083.369	97383.120	
四月	288618.234	96925.770	
闰四月	1046670.696	97333.120	
五月	273969.676	75323.659	
六月	124944.355	95549.966	
七月	963305.148	97963.019	
八月	95493.078	97333.120	
九月	462376.847	97354.258	
十月	500153.575	97342.738	
十一月	1234358.644	97408.225	
十二月	1441307.392	191277.739	
道光三十年	7748585	1076127	原册残，12月数不全
正月	599431.572	—	
二月	332881.142	97333.120	
三月	578614.782	97333.120	
四月	528806.603	96881.064	
五月	477775.819	97333.120	
六月	1103676.583	97333.120	
七月	221504.416	97998.014	
八月	787746.471	97333.120	
九月	934060.932	93864.132	
十月	823699.315	100806.018	
十一月	767787.833	94123.951	
十二月	592599.529	105788.544	12月数不全
道光朝平均	9895742	1176828	

资料来源：①有 * 号标记之数，据各该年四柱册（道光朝四柱册数据详见本书附表51至附表58）；其他据中国社会科学院经济研究所清代抄档：《黄册·户部银库类》第10~11册。

②道光朝平均数计算，道光元年钱数按四柱册数计。

附表 15　道光朝银库历年大出银钱统计

时　间	银（两）	钱（串）	备　注
道光元年	**11351701**	1203759 1203756 *	
正月	254724.448	7298.253	
二月	1569563.499	93470.385	
三月	751146.078	98817.300	
四月	631476.168	102054.830	
五月	578519.546	96682.598	
六月	591623.700	102664.413	
七月	517516.820	91266.175	
八月	1208115.683	102738.895	
九月	734434.031	102292.452	
十月	609516.635	96536.727	
十一月	507291.271	92441.359	
十二月	3397773.241	217495.729	
道光二年	**8448826** **11210691** *	986526 1199720 *	原大出册残，缺12月数
正月	139292.688	3393.148	
二月	1548753.309	92908.063	
三月	650175.570	99073.865	
闰三月	560295.169	93565.583	
四月	674386.685	99887.084	
五月	579860.201	95649.309	
六月	527527.663	99833.543	
七月	615536.358	94602.233	
八月	1229145.158	95744.948	
九月	681428.277	94427.007	
十月	665039.947	59156.375	
十一月	577384.577	58284.961	
道光三年	**9948689**	1094563	
正月	130482.030	1739.218	
二月	1504358.997	95733.084	

续表

时 间	银（两）	钱（串）	备 注
三月	815085.308	59909.869	
四月	609468.508	60454.250	
五月	567152.362	96508.584	
六月	516137.016	97808.142	
七月	621731.251	91147.333	
八月	1886377.333	93657.878	
九月	677686.456	101613.487	
十月	599281.068	92214.536	
十一月	556700.443	91094.631	
十二月	1464228.339	212682.142	
道光五年	**9218328**	**1151721**	
正月	135695.306	713.712	
二月	1511894.065	89826.308	
三月	613398.795	94968.379	
四月	574947.973	93798.052	
五月	803830.379	94083.247	
六月	526025.125	90906.201	
七月	551896.228	94612.920	
八月	1117062.210	95953.493	
九月	582514.123	93323.712	
十月	567175.549	97760.534	
十一月	551473.032	93872.321	
十二月	1682414.985	211902.523	
道光六年	**10935445**	**1154420**	
正月	147700.959	264.364	
二月	1449965.988	89540.890	
三月	874805.015	93784.072	
四月	578758.192	96513.373	
五月	535172.510	93715.998	
六月	528178.453	96204.979	

续表

时　间	银（两）	钱（串）	备　注
七月	506190.341	96918.959	
八月	1096075.101	98376.682	
九月	507468.131	91730.384	
十月	2560809.908	92530.645	
十一月	596308.937	95697.572	
十二月	1554011.320	209142.393	
道光七年	**11373705**	**1252178**	
正月	121294.364	—	
二月	1452239.210	90242.559	
三月	613795.226	95062.377	
四月	527673.934	97137.812	
五月	537690.115	94124.162	
闰五月	493526.694	92217.873	
六月	509054.245	95410.124	
七月	478887.613	96086.479	
八月	2045116.312	98812.430	
九月	675664.998	97166.498	
十月	584751.085	89858.893	
十一月	502249.237	97451.524	
十二月	2831762.017	208607.513	
道光八年	**10951956**	**1158856**	
正月	134704.355	2048.757	
二月	1420172.933	90689.772	
三月	609093.182	94236.247	
四月	609939.361	97912.541	
五月	463215.974	92380.638	
六月	753601.217	95764.941	
七月	539511.519	91209.102	
八月	1116347.971	98339.234	
九月	574953.555	96720.616	

续表

时　间	银（两）	钱（串）	备　注
十月	534124.714	94953.257	
十一月	675224.434	97660.757	
十二月	3521066.979	206940.554	
道光九年	11713017	1047489	
正月	125042.046	—	
二月	1829209.021	96700.913	
三月	702639.340	95040.831	
四月	621144.561	57937.012	
五月	570790.288	55179.925	
六月	565387.956	57665.319	
七月	684424.330	93668.987	
八月	1380087.128	96444.558	
九月	477035.563	94607.042	
十月	610349.080	97605.560	
十一月	570508.495	98096.303	
十二月	3576398.974	204542.259	
道光十年	12575834	1245338 1244338*	
正月	137323.214	—	
二月	1442660.549	95784.330	
三月	673066.215	94212.881	
四月	546275.836	92010.535	
闰四月	617937.838	99230.344	
五月	573954.828	96689.623	
六月	500926.410	93702.443	
七月	500859.910	89743.447	
八月	1082857.529	95093.699	
九月	691353.189	97260.532	
十月	1514717.543	92516.453	
十一月	1521614.466	93084.511	
十二月	2772286.734	206009.009	

续表

时　间	银（两）	钱（串）	备　注
道光十一年	**10392799**	**1136417**	
正月	180665.917	—	
二月	1330447.603	93057.078	
三月	617637.894	94044.599	
四月	523519.575	94314.255	
五月	574374.393	92000.245	
六月	517937.147	93925.915	
七月	1024109.336	93125.005	
八月	1059679.105	89424.657	
九月	605310.827	92866.686	
十月	520872.939	97468.879	
十一月	518350.654	90462.063	
十二月	2919893.911	205727.208	
道光十二年	**10987586**	**1226884**	
正月	129328.533	1556.890	
二月	1638535.795	86813.849	
三月	668593.170	98104.850	
四月	510202.890	91367.366	
五月	659062.567	93851.277	
六月	518052.923	91925.256	
七月	573016.041	96078.820	
八月	1113815.825	92212.079	
九月	534668.870	91234.541	
闰九月	551739.554	99498.009	
十月	745504.594	92417.189	
十一月	574904.681	89714.929	
十二月	2770160.803	202108.762	
道光十三年	**10886616**	**1151531**	
正月	133859.237	—	
二月	1599706.064	86181.056	

续表

时　间	银（两）	钱（串）	备　注
三月	643280.770	94028.255	
四月	712786.457	96410.598	
五月	736359.640	90892.470	
六月	503516.268	95393.360	
七月	522530.378	92156.756	
八月	1503535.235	93448.149	
九月	550751.290	100582.515	
十月	588104.786	102457.370	
十一月	642292.906	93189.902	
十二月	2749892.730	206790.464	
道光十四年	**10773739**	**1160590**	
正月	131370.496	5189.923	
二月	1430026.269	89441.634	
三月	662251.214	98050.935	
四月	726425.930	96953.614	
五月	572704.924	96199.996	
六月	502202.241	93511.944	
七月	788447.561	93991.443	
八月	1167065.476	96283.061	
九月	542477.791	95581.424	
十月	581456.287	93719.942	
十一月	541645.374	97269.512	
十二月	3127665.106	204396.911	
道光十七年	**9627521**	**1153751**	
正月	128241.461	—	
二月	1349473.860	93431.838	
三月	754137.066	94954.184	
四月	644527.068	92367.912	
五月	601444.904	93448.482	
六月	595349.523	96881.616	
七月	510701.222	91933.396	

续表

时　间	银（两）	钱（串）	备　注
八月	1101863.215	95295.610	
九月	482833.559	95325.715	
十月	535379.774	97098.936	
十一月	625906.335	95541.805	
十二月	2297662.766	207471.558	
道光十八年	**8109147**	**770252**	原册残，缺12月总数
正月	130809.030	—	
二月	1448914.051	53266.455	
三月	666615.445	19142.635	
四月	701934.803	55517.234	
闰四月	604085.443	75793.575	
五月	509329.739	74640.693	
六月	551510.610	76438.960	
七月	577247.886	73664.776	
八月	1144399.948	76448.129	
九月	633776.930	75545.838	
十月	508595.758	92987.268	
十一月	631926.859	96806.222	
道光十九年	**10127680**	**1143703**	
正月	162493.491	837.550	
二月	1485461.003	95703.555	
三月	634843.365	93206.046	
四月	652606.785	91578.431	
五月	570718.542	92033.195	
六月	588724.104	94528.504	
七月	589954.511	94855.043	
八月	1049455.925	93315.270	
九月	527715.911	92980.460	
十月	551826.985	95365.589	
十一月	587653.716	93301.252	
十二月	2726225.454	205997.613	

续表

时　间	银（两）	钱（串）	备　注
道光二十年	**10312241**	**1139506**	
正月	163085.754	—	
二月	1324944.722	95253.904	
三月	769505.161	92526.371	
四月	661963.238	93525.219	
五月	593560.303	94929.258	
六月	603212.334	92935.732	
七月	561786.983	93311.891	
八月	1079540.900	91956.316	
九月	527525.934	93751.381	
十月	668670.410	95801.765	
十一月	552707.167	92506.846	
十二月	2805737.976	203007.633	
道光二十一年	**15733178**	**1233598**	
正月	184153.032	—	
二月	2413326.351	96703.039	
三月	598248.032	92102.729	
闰三月	1186865.467	91026.652	
四月	580897.143	91447.276	
五月	615086.446	94247.113	
六月	583178.864	92270.280	
七月	490938.411	94051.414	
八月	1084805.914	95658.980	
九月	3511974.635	96150.482	
十月	556018.903	92258.784	
十一月	1484340.118	93557.306	
十二月	2443344.761	204124.252	
道光二十二年	**13519847**	**1140848**	
正月	1151872.414	—	
二月	2353477.650	93287.819	

续表

时 间	银（两）	钱（串）	备 注
三月	670584.104	92536.133	
四月	616060.960	103786.148	
五月	1043463.413	90581.901	
六月	1132507.512	92402.333	
七月	529673.311	94640.437	
八月	1081721.143	90806.584	
九月	557171.961	96802.863	
十月	571373.448	93966.178	
十一月	666180.179	91295.401	
十二月	3145760.538	200742.554	
道光二十三年	10989389 10992455 *	1270073	
正月	194746.983	—	
二月	1449476.139	94499.100	
三月	675143.349	92108.634	
四月	672355.133	93186.325	
五月	587940.901	91708.700	
六月	523128.446	92504.797	
七月	517434.165	92229.516	
闰七月	475141.050	92271.285	
八月	1063789.052	91898.725	
九月	492363.072	94459.642	
十月	2000197.677	94356.582	
十一月	547923.132	91249.881	
十二月	1789749.872	249599.813	
道光二十四年	9018625	1266883	
正月	135501.058	—	
二月	1272180.462	114250.534	
三月	490019.686	111814.661	
四月	609650.176	111606.605	
五月	512117.580	121433.885	
六月	472430.271	112936.289	

续表

时　间	银（两）	钱（串）	备　注
七月	451081.546	108481.816	
八月	1099215.233	111847.752	
九月	1565157.847	117739.808	
十月	439196.284	112699.572	
十一月	485565.308	112045.322	
十二月	1486509.214	246277.072	
道光二十五年	**8737519**	**1014232**	
正月	118762.500	—	
二月	1352444.276	75566.934	
三月	608593.639	73765.974	
四月	535418.106	77426.144	
五月	516642.224	72365.404	
六月	600263.089	76184.168	
七月	503758.174	71468.109	
八月	1045237.843	73296.061	
九月	521987.086	77150.783	
十月	561212.101	95197.830	
十一月	517303.275	96585.072	
十二月	1855896.561	225225.733	
道光二十七年	**8479905**	**1158391**	
正月	143654.641	—	
二月	1420248.285	98005.390	
三月	523073.634	90090.412	
四月	629182.276	92850.817	
五月	552059.716	95068.883	
六月	489083.281	92834.130	
七月	472170.176	90828.401	
八月	1141483.026	117768.692	
九月	480658.927	97495.797	
十月	601551.716	90150.484	
十一月	519838.344	94366.240	

续表

时　间	银（两）	钱（串）	备　注
十二月	1506901.414	198931.857	
道光二十九年	**9340395**	**1219044**	
正月	161266.871	—	
二月	1364097.034	94119.042	
三月	750691.183	89290.649	
四月	551383.767	97686.832	
闰四月	586430.451	88288.292	
五月	525347.217	95539.978	
六月	573486.443	91164.874	
七月	515125.051	90801.871	
八月	1106711.024	96300.063	
九月	520653.181	97430.319	
十月	576395.527	89927.420	
十一月	540292.246	92397.539	
十二月	1568514.589	196096.944	
道光三十年	**9531910**	**1177265**	
正月	160962.943	—	
二月	1359309.507	91576.668	
三月	1065948.171	95769.625	
四月	623997.678	92807.997	
五月	584331.445	96767.617	
六月	533848.767	92279.090	
七月	555273.303	93155.414	
八月	1198881.019	112999.939	
九月	674856.901	93864.132	
十月	634592.896	109099.148	
十一月	551137.036	94123.951	
十二月	1588770.553	204821.747	
道光朝平均	**10633899**	**1154840**	

资料来源：有＊号标记之数，据各该年四柱册（道光朝四柱册数据详见本书附表51至附表58）；其他据中国社会科学院经济研究所清代抄档：《黄册·户部银库类》第28~32册。又道光朝平均数计算，道光元年钱数、二年银钱数按四柱册数计，十年钱数、二十三年银数按大出册数计。

附表 16　道光朝银库历年银钱出入盈亏统计

年　份	大　进 银（两）	大　进 钱（串）	大　出 银（两）	大　出 钱（串）	盈　亏（+、-）银（两）	盈　亏（+、-）钱（串）
道光一年	7630389	1202200*	11351701	1203756*	-3721312	-1556
道光二年	7060251	1189489	11210691*	1199720*	-4150440	-10231
道光三年	8183826	1121547	9948689	1094563	-1764863	+26984
道光五年	8507036	1183440	9218328	1151721	-711292	+31719
道光七年	23802617	1232145	11373705	1252178	+12428912	-20033
道光八年	14422806	1166798	10951956	1158856	+3470850	+7942
道光九年	11557959	1119826	11713017	1047489	-155058	+72337
道光十年	11289651	1172428	12575834	1245338	-1286183	-72810
道光十二年	8019701	1212995	10987586	1226884	-2967885	-13889
道光十三年	7160869	1152766	10886616	1151531	-3725747	+1235
道光十四年	15522250	1183232	10773739	1160590	+4748511	+22642
道光十九年	8691741	1143851	10127680	1143703	-1435939	+148
道光二十年	10349975	1137631	10312241	1139506	+37734	-1875
道光二十一年	6796038	1233614	15733178	1233598	-8937140	+16
道光二十二年	10914111	1144433	13519847	1140848	-2605736	+3585
道光二十三年	7919693	1222831	10989389	1270073	-3069696	-47242
道光二十五年	9069654	1160832	8737519	1014232	+332135	+146600
道光二十九年	8507408	1238528	9340395	1219044	-832987	+19484
道光三十年	7748585	1076127	9531910	1177265	-1783325	-101138
道光朝各年平均	10166029	1173411	11014948	1170047	-848919	+3364

资料来源：据附表 14、附表 15。

附表 17　咸丰朝银库历年大进银钱统计（1）

时　间	银（两）	钱（串）	备　注
咸丰元年	7635529	1245930	
正月	1525569.079	—	
二月	1329839.478	97204.534	
三月	1002092.995	97461.706	
四月	338559.449	96573.290	
五月	886681.396	97150.762	
六月	356532.827	97820.006	

续表

时　间	银（两）	钱（串）	备　注
七月	87966.292	97997.952	
八月	479941.837	99173.805	
闰八月	85406.547	92308.903	
九月	96121.281	76687.532	
十月	172691.393	97418.668	
十一月	326480.205	96256.000	
十二月	947645.780	199877.150	
咸丰二年	**8361837**	**1434110**	
正月	535084.550	—	
二月	208381.694	85406.928	
三月	633799.721	74336.600	
四月	1546111.648	74076.937	
五月	694168.519	73749.530	
六月	456287.187	66062.567	
七月	483952.692	66726.172	
八月	228801.770	665285.481	
九月	1223874.115	66202.000	
十月	829191.265	65992.000	
十一月	534030.097	66069.574	
十二月	988153.425	130201.955	
咸丰三年	**4443174**	**1195207**	原册残，12月总额以细数相加之合计数计入年总
正月	853073.657	—	
二月	334128.268	54574.789	
三月	603901.850	66113.646	
四月	230745.976	59992.000	
五月	210329.841	65892.000	
六月	430286.913	105663.824	
七月	317162.843	104091.360	
八月	519855.142	121332.099	
九月	281702.261	92716.385	
十月	145612.595	170671.162	
十一月	337139.877	171979.207	
十二月	(179235.126)	(182180.289)	本月总额为原册细数合计数

资料来源：据中国社会科学院经济研究所清代抄档：《黄册·户部银库类》第12册。

附表18 咸丰朝银库历年大进银钱统计（2）

时间	银（两）	钱（串）	京票钱（串）	宝钞（串）	尾零对条钱（串）	备注
咸丰四年	4996127 *	3045824 *	7846072 *	—	—	
咸丰五年	3067774	1598807 (1898807)	7791060	4087693 (4088318)	—	括号内为按修正数计算之年总额
正月	268417.999	—	15193.560	35027.500	—	
二月	130114.122	214899.570	1178476.773	42678.000	—	
三月	325749.457	216001.822	563140.015	104612.500	—	
四月	146171.881	216003.121	522737.487	327013.500	—	
五月	284714.948	213268.508	666695.610	374038.500	—	
六月	401577.768	213718.713	550742.526	364033.000	—	
七月	178070.378	217521.629	612100.822	350000.626	—	本月宝钞钱数应为350626.000之误
八月	194605.849	12438.698	648390.313	894334.500	—	
九月	298974.562	9248.995	589671.918	281941.500	—	
十月	184315.433	150892.972	555539.218	326168.500	—	
十一月	226554.889	6886.845	613002.813	273892.500	—	
十二月	428507.050	127925.753	1275369.442	713952.000	—	本月钱额应为427925.753之误
咸丰六年	2669663	811063	7884489	7282490 4405082 *	154	
正月	208340.084	—	32927.214	—	—	
二月	326670.200	51874.100	611441.160	1004719.000	—	
三月	254484.952	77896.365	619552.554	282937.000	—	
四月	17405.694	48598.033	610118.721	295526.500	—	
五月	221918.352	113122.205	951293.584	275948.500	—	
六月	182267.155	34694.036	577884.037	266438.500	—	
七月	250390.737	32674.621	577620.034	277729.000	—	
八月	318917.580	32842.154	652164.421	288715.500	—	
九月	141100.046	33073.167	498661.658	307772.000	24.467	
十月	114863.801	26538.012	513473.775	3197120.000	31.196	
十一月	126436.166	304406.385	574118.282	310817.000	45.658	
十二月	506867.915	55344.376	1665233.394	774767.000	52.787	

附录　统计表格 | 175

续表

时　间	银（两）	钱（串）	京票钱（串）	宝钞（串）	尾零对条钱（串）	备　注
咸丰九年	4463478	968530	19131590	2133825	409	本年7月银总、12月京票制钱总额与细数相加不符
正月	146281.320	—	1145.276	—	—	
二月	160208.605	—	1205310.939	100437.000	20.209	
三月	86556.078	—	3206216.712	173326.000	22.625	
四月	376648.218	406708.000	2065419.607	129616.500	26.064	
五月	284957.020	1035.070	1690462.428	87488.000	21.170	
六月	428376.238	—	1760871.451	147727.000	26.131	
七月	585543.175	8110.000	1475606.609	106727.500	27.940	银额总数比细数相加多
八月	313992.151	450000.000	1782874.311	101379.500	25.242	
九月	374409.120	62178.000	1337509.941	99708.500	22.148	
十月	276569.705	50.000	1013888.369	233873.000	74.399	
十一月	418786.205	23473.449	1321208.725	437079.500	65.883	
十二月	1011150.121	16975.601	2271075.781	516462.500	77.041	京票制钱总额比细数相加少4
咸丰十年	5429091	366762	4315242	3321595	616	本年各月总数多有与细数相加不符者
正月	616217.894	60.750	6118.562	289501.000	16.130	
二月	144605.262	11108.000	1024922.777	598859.000	72.068	
三月	226223.773	106.000	1059360.497	173872.500	26.500	
闰三月	414750.014	—	466631.642	195303.000	44.666	
四月	268846.338	—	240896.008	122956.500	50.377	
五月	564826.070	11650.300	176256.635	136829.500	42.140	
六月	448352.779	—	317442.790	215635.500	34.747	
七月	620654.719	—	276826.467	436518.000	68.068	
八月	216347.919	—	53673.500	418838.000	8.030	
九月	68904.380	67483.350	159816.544	95543.000	25.388	
十月	451253.358	67511.430	73138.447	120520.500	59.658	
十一月	391115.302	67511.420	40302.000	383151.500	134.739	
十二月	996992.969	141330.740	419855.714	134067.500	33.581	
咸丰十一年	6678614*	295355*	408881*	155518*	185*	

资料来源：有*号标记之数，据各该年四柱册（咸丰朝四柱册数据详见本书附表59至附表62）；其他据中国社会科学院经济研究所清代抄档：《黄册·户部银库类》第12册。

附表19 咸丰朝银库历年大出银钱统计（1）

时间	支出银（两）	支出钱（串）	备注
咸丰二年	10268561	835110	原册残，本年12月总数以细数相加计入
正月	107932.500	—	
二月	1425500.377	77279.753	
三月	563054.981	74336.600	
四月	595805.150	74076.937	
五月	739820.784	74416.623	
六月	595657.107	73426.469	
七月	553502.850	63446.086	
八月	1148999.737	63453.097	
九月	599770.124	63576.096	
十月	619000.829	63484.590	
十一月	763895.326	63487.407	
十二月	(2555621.005)	(144126.059)	本月总数为细数合计数
咸丰三年	8471746	1368406	
正月	176169.231	—	
二月	1051220.048	52245.879	
三月	878771.776	63577.922	
四月	1245602.410	63318.974	
五月	681893.024	63443.091	
六月	559309.201	96845.054	
七月	536965.716	93760.597	
八月	806369.761	79136.126	
九月	688601.448	92716.385	
十月	529218.577	195015.820	
十一月	625254.250	176922.897	
十二月	692370.143	391423.518	

资料来源：据中国社会科学院经济研究所清代抄档：《黄册·户部银库类》第33册。

附表20 咸丰朝银库历年大出银钱统计（2）

时 间	银（两）	钱（串）	京票钱（串）	宝钞（串）	尾零对条钱（串）	备 注
咸丰四年	5031019*	3040550*	7834543*	—	—	
咸丰六年	2704989*	517736*	7950869*	4405082*	154*	
咸丰八年	3061904	629857	11360116	1510663	267	原册残，缺正月数
二月	227190.660	109612.680	1386351.803	132758.500	14.413	
三月	208403.349	40000.000	888241.989	200393.500	19.449	
四月	199839.858	—	767661.461	118573.000	21.034	
五月	380221.888	71.918	1039556.136	109069.500	17.594	
六月	174538.713	—	1055884.269	95432.000	23.616	
七月	144520.434	12144.829	738134.771	183745.000	27.907	
八月	395449.512	13732.586	1101750.655	187821.000	17.893	
九月	310168.315	212168.083	722128.721	87378.500	17.941	
十月	273382.743	240264.656	1010046.641	57234.000	20.007	
十一月	216878.513	—	646408.457	112383.500	39.857	
十二月	531310.334	1862.680	2003950.623	225874.000	47.305	
咸丰九年	3808417	703324 903324*	13976064 16046203*	2124455 2133825*	43 409*	
正月	257611.139	—	—	—	—	
二月	266348.057	—	1214860.948	100437.000	20.209	
三月	225508.868	—	1905632.499	173326.000	22.625	
四月	287744.221	400000.000	1565702.419	129616.500	—	
五月	293105.617	71.918	988572.068	87488.000	—	
六月	242736.167	—	1984221.644	147727.000	—	
七月	205712.354	1603.620	826273.893	106727.500	—	
八月	336666.823	250000.000	2457871.146	98175.500	—	
九月	327362.876	50000.000	734287.272	98788.500	—	
十月	388885.455	—	1182333.830	228627.000	—	
十一月	348010.061	—	1116307.929	437079.500	—	
十二月	628725.786	1648.702	—	516462.500	—	
咸丰十一年	6331926*	169540*	174287*	155431*	182*	

资料来源：有*号标记之数，据各该年四柱册（咸丰朝四柱册数据详见本书附表59至附表62）；其他据中国社会科学院经济研究所清代抄档：《黄册·户部银库类》第33册。

附表 21　咸丰朝银库历年银钱出入盈亏统计

年　份	大　进 银（两）	大　进 钱（串）	大　出 银（两）	大　出 钱（串）	盈　亏（+、-） 银（两）	盈　亏（+、-） 钱（串）
咸丰二年	8361837	1434110	10268561	835110	-1906724	+599000
咸丰三年	4443174	1195207	8471746	1368406	-4028572	-173199
咸丰四年	4996127*	10891896*	5031019*	10875093*	-34892	+16803
咸丰五年	3067744	13778185	(3233178)	(13692023)	-165434	+86162
咸丰六年	2669663	13100788*	2704989*	12873841*	-35326	+226947
咸丰九年	4463478	22234354	3808417	16803886	+655061	+5430468
咸丰十年	5429091	8004216	(7279488)	(11099596)	-1850397	-3095380
咸丰十一年	6678614*	859939*	6331926*	499440*	+346688	+360499
咸丰朝各年平均	5013716	8937337	5891166	8505924	-877450	+431413

资料来源：据附表 17、附表 18、附表 19、附表 20。表内进、出钱数为制钱、京票钱、宝钞、尾零对条钱之合计数。咸丰五年、十年大出数系据各该年大进数与其上年末库存数及本年末库存数（见附表 73）推算得出，以（）号标识之。

附表 22　同治朝银库历年大进银钱统计

时　间	银（两）	钱（串）	备　注
同治四年	**8495356**	**186292**	12 月总额据细数相加得出
正月	523054.189	—	
二月	547237.414	13593.266	
三月	616697.095	12521.511	
四月	707314.904	13174.306	
五月	734370.308	14098.311	
闰五月	1043711.251	15485.044	
六月	956323.549	12684.929	
七月	612759.166	14279.260	
八月	464929.255	14867.134	
九月	469034.472	13622.531	
十月	376336.112	16380.548	
十一月	349344.204	14251.842	
十二月	(1094244.126)	(31333.396)	12 月缺页，无总额

续表

时　间	银（两）	钱（串）	备　注
同治五年	**8579764**	**139299**	本年无12月数
正月	584628.209	—	
二月	621243.209	14143.989	
三月	351524.417	12774.331	
四月	763628.412	12682.062	
五月	930910.794	14277.439	
六月	1140873.544	14845.420	
七月	785071.441	13225.441	
八月	661959.015	14918.305	
九月	626922.152	13892.430	
十月	956215.277	12833.394	
十一月	1156787.524	15705.724	
同治六年	**12348311**	**148869**	
正月	665703.885	151.067	
二月	742264.985	14594.180	
三月	932922.366	11294.097	
四月	1277988.803	11551.309	
五月	1193800.058	14482.573	
六月	1295642.882	11641.016	
七月	807371.389	11939.605	
八月	922193.177	12614.689	
九月	867536.766	11452.906	
十月	682423.544	11663.088	
十一月	1084358.889	13418.265	
十二月	1876103.824	24066.666	
同治朝平均	**9807810**	**158153**	

资料来源：据中国社会科学院经济研究所清代抄档：《黄册·户部银库类》第12册。

附表 23　同治朝银库历年大出银钱统计

时　间	银（两）	钱（串）	备　注
同治二年	7263494	155583	
正月	239775.677	2943.117	
二月	550110.307	14899.592	
三月	472840.334	11313.946	
四月	511062.184	10907.843	
五月	564665.781	11029.746	
六月	516844.481	11918.915	
七月	533882.434	12310.623	
八月	756437.721	13142.317	
九月	534547.208	11850.854	
十月	731754.845	20820.285	
十一月	860707.211	14259.622	
十二月	990866.030	20185.694	
同治四年	8349347	183750	12月总额以细数合计计入
正月	276196.044	—	
二月	714182.634	13593.266	
三月	483654.272	12521.511	
四月	747294.161	13174.306	
五月	724066.331	14098.311	
闰五月	574078.968	15485.044	
六月	491222.980	12684.929	
七月	540813.851	14279.260	
八月	789737.183	14867.134	
九月	855184.383	13622.531	
十月	616445.823	13838.598	
十一月	564105.307	14251.842	
十二月	（972365.047）	（31333.394）	原册残缺无总计
同治五年	8240574	160990	
正月	480392.184	—	
二月	797936.960	14143.989	
三月	662342.878	12774.331	
四月	810885.445	12682.062	
五月	573375.284	14277.439	
六月	521455.768	14845.420	

续表

时 间	银（两）	钱（串）	备 注
七月	518451.880	13225.441	
八月	805236.316	14918.305	
九月	512347.831	13892.430	
十月	824250.607	12833.394	
十一月	581771.494	15705.724	
十二月	1152127.844	21691.730	
同治六年	10293685	148869	
正月	285319.168	151.067	
二月	975274.611	14594.180	
三月	826700.028	11294.097	
四月	809192.520	11551.309	
五月	1130410.153	14482.573	
六月	716436.533	11641.016	
七月	711181.589	11939.605	
八月	1125558.724	12614.689	
九月	631066.943	11452.906	
十月	779857.064	11663.088	
十一月	908440.125	13418.265	
十二月	1394247.691	24066.666	
同治八年	11336640	153776	12月总额以细数合计计入
正月	293667.742	—	
二月	1148578.699	12865.705	
三月	1320093.302	11432.754	
四月	1108077.428	11187.881	
五月	882459.806	18130.246	
六月	777412.358	12541.339	
七月	715844.556	11298.551	
八月	925612.862	13861.112	
九月	679625.976	11565.061	
十月	680622.944	12350.040	
十一月	673697.130	19427.404	
十二月	(2130947.267)	(19116.186)	缺残
同治朝平均	9096748	160594	

资料来源：据中国社会科学院经济研究所清代抄档：《黄册·户部银库类》第34册。

附表 24　同治朝银库历年银钱出入盈亏统计

年　份	大　进 银（两）	大　进 钱（串）	大　出 银（两）	大　出 钱（串）	盈　亏（+、-）银（两）	盈　亏（+、-）钱（串）
同治四年	8495356	186292	8349347	183750	+146009	+2542
同治五年	8579764	139299	8240574	160990	+339190	-21691
同治六年	12348311	148869	10293685	148869	+2054626	0
同治朝各年平均	9807810	158153	8961202	164536	+846608	-6383

资料来源：据附表22、附表23。

附表 25　光绪朝银库历年大进银钱统计

时　间	银（两）	钱（串）	铜制钱（串）	备　注
光绪九年	15638588*	228309*	—	银数为本年新收库平银及各专项银之合计总额
光绪十七年	19265207*	1390436*	—	银数为本年新收库平银及各专项银之合计总额
光绪十八年	16068086	1578138	—	本年另收过四成洋税、边防经费、筹备饷需共银4791195.362两，不在总银额内，计入则为20859281两
正月	968985.347	2470.000	—	
二月	1048161.663	110950.500	—	
三月	1230839.724	135708.500	—	
四月	733078.393	105794.500	—	
五月	1596091.927	119367.073	—	
六月	1377789.495	116603.000	—	
闰六月	934572.716	111513.000	—	
七月	1100889.036	135395.901	—	
八月	1529398.703	118835.500	—	
九月	1306121.626	139054.000	—	
十月	690484.370	119360.000	—	
十一月	1335169.664	116302.500	—	
十二月	2216503.108	246783.916	—	
光绪二十二年	19063325	234467	201866	本年另收过四成洋税、边防经费、筹备饷需共银3715975.175两，不在总银额内，计入则为22779300两
正月	1285171.889	4431.500	—	
二月	1360400.482	42365.500	—	

续表

时　间	银（两）	钱（串）	铜制钱（串）	备　注
三月	1970588.059	25536.500	—	
四月	993005.792	14556.500	—	
五月	1651338.486	45019.500	—	
六月	1405672.930	25032.455	—	
七月	1333138.282	33651.000	—	
八月	1476597.661	15842.000	—	
九月	1186145.426	8106.000	49678.430	
十月	1297113.407	18018.000	—	
十一月	2257416.846	—	49992.000	
十二月	2846735.898	1908.000	102195.966	
光绪二十三年	19369702 23283344 *	94061	246964	• 本年另收过四成洋税银 102317.236 两、边防经费银 1865000 两、筹备饷需银 1652260 两，不在总银额内，计入则为 22989279 两 • 以 * 号标记之四柱册数为本年新收库平银及各专项银之合计总额 • 四柱册本年新收钱数为 341025 串，等于表内两种钱之合计总额
正月	1380449.369	—	—	
二月	1435304.675	27937.000（当十钱）	51494.000	
三月	1369227.573	1908.000（当十钱）	36992.700	
四月	1192418.863	20426.000（当十钱）	33492.160	
五月	1326531.927	—	49997.080	
六月	1288350.768	1908.000（当十钱）	—	
七月	1907556.922	19803.000	—	
八月	1807187.138	—	—	
九月	1515867.844	1908.000（当十钱）	74988.000	
十月	2070484.479	18263.000（当十钱）	—	
十一月	1702351.365	—	—	

续表

时间	银(两)	钱(串)	铜制钱(串)	备注
十二月	2373971.146	1908.000（当十钱）	—	
光绪二十四年	23952689 28802656*	97366	332343	• 本年另收过四成洋税银 72561.579 两、边防经费银 1804000 两、筹备饷需银 1741333.333 两，不在总银额内，计入则为 27570584 两 • 以 * 号标记之四柱册数为本年新收库平银及各专项银之合计总额 • 四柱册本年新收钱数为 439708 串，表内两种钱数合计为 429709 串
正月	1454612.418	—	—	
二月	1759099.202	28355.600（当十钱）	—	
三月	1002155.432	1908.000（当十钱）	—	
闰三月	1889972.087	19292.000（当十钱）	37599.483	
四月	1454820.994	—	37494.000	
五月	2404021.328	—	37495.620	
六月	1347755.130	2544.000（当十钱）	37495.620	
七月	1268000.534	24934.000（当十钱）	—	
八月	2801798.220	—	—	
九月	2138044.791	—	—	
十月	1808739.130	1908.000（当十钱）	—	
十一月	1358964.725	18424.000（当十钱）	37494.000	
十二月	3264704.856	（当十钱）	144764.119	
光绪二十五年	18869369 24447335*	327333	265111	• 本年另收过四成洋税银 365001.381 两、边防经费银 2488031.771 两、筹备饷需银 1746614.668 两，不在总银额内，计入则为 23469017 两 • 以 * 号标记之四柱册数为本年新收库平银及各专项银之合计总额 • 四柱册本年新收钱数为 371167 串，表内两种钱数合计为 592444 串
正月	686660.827	—	1430.500	

续表

时间	银（两）	钱（串）	铜制钱（串）	备注
二月	1799785.551	31000.000（当十钱）	3032.700	
三月	1502987.068	—	4220.300	
四月	1158613.925	1908.000（当十钱）	5036.400	
五月	1453760.768	19215.000（当十钱）	5035.700	
六月	834779.693	—	4984.200	
七月	2248340.051	—	18730.200	
八月	1264774.430	1908.000（当十钱）	15989.500	
九月	1671722.220	—	29368.000	
十月	1996058.681	21109.000（当十钱）	31769.700	
十一月	1679191.386	—	31492.400	
十二月	2572694.091	252192.920（当十钱）	114021.570	
光绪朝平均	22153673	677326		

资料来源：①有 * 号标记之数，据各该年四柱册（光绪朝四柱册数据详见本书附表63至附表67）；光绪二十三年、二十四年、二十五年数，据中国第一历史档案馆藏各该年银库大进黄册；其他据中国社会科学院经济研究所清代抄档：《黄册·户部银库类》第12册。

②光绪朝平均数计算，各年银数内均计入专项银，钱数均以各项钱之合计总数计；大进册数与四柱册不同者按四柱册数计。

附表26　光绪朝银库历年大出银钱统计

时间	银（两）	钱（串）	铜制钱（串）	备注
光绪五年	10877085	164025	—	原册残，缺11月数，12月总额以细数合计计入
正月	325425.043	—	—	
二月	1003969.449	15663.499	—	
三月	928750.705	13447.413	—	
闰三月	676428.210	14158.432	—	
四月	983275.552	15846.834	—	
五月	768573.297	13766.403	—	
六月	745291.898	16021.522	—	
七月	775220.368	14047.985	—	
八月	1186602.209	14329.703	—	

续表

时间	银（两）	钱（串）	铜制钱（串）	备注
九月	812199.627	14133.633	—	
十月	698847.086	13886.895	—	
十二月	(1972501.130)	(18722.472)	—	
光绪九年	11623013 13845311*	404120	—	以 * 号标记之四柱册银数为本年开除库平银与四成洋税银、边防经费银之合计总额。开除库平银数与大出册同。
正月	305177.381	17743.391	—	
二月	1966611.609	14421.894	—	
三月	868783.995	12939.500	—	
四月	719876.836	23976.719	—	
五月	921531.957	30799.815	—	
六月	713092.516	12427.596	—	
七月	602492.858	25173.026	—	
八月	1029827.390	13192.795	—	
九月	938415.321	111919.372	—	
十月	725738.619	11790.037	—	
十一月	1052110.160	12008.557	—	
十二月	1779353.875	117727.587	—	
光绪十七年	13559182 17115933*	348210	1231964	• 以 * 号标记之四柱册银数为本年开除库平银与各专项银之合计总额。 • 四柱册本年开除钱数为1586173串，表内两项钱数合计为1580174串。
正月	273994.731	—	—	
二月	1698241.969	18132.930	102759.000	
三月	848018.081	12625.038	102840.000	
四月	1380894.603	117000.044	133764.000	
五月	774757.710	18820.549	72152.500	
六月	793185.311	16843.689	103029.500	
七月	791043.397	12916.248	103095.000	
八月	1530060.044	20317.612	103133.500	
九月	1287033.571	18919.131	103199.500	
十月	710259.263	14105.768	103219.000	

续表

时　间	银（两）	钱（串）	铜制钱（串）	备　注
十一月	887620.380	35173.338	103465.500	
十二月	2584073.111	63355.267	201306.500	
光绪二十三年	19321219 24835690*	517131	—	• 本年另支出四成洋税银280000两、边防经费银1792472.893两、筹备饷需银2500000两，不在总额内，计入则为23893692两。 • 以＊号标记之四柱册银数为本年开除库平银与各专项银之合计总额。
正月	446333.883	—	—	
二月	1877957.866	75847.102	—	
三月	1507960.709	67360.806	—	
四月	1313010.851	68259.894	—	
五月	1457407.492	74815.307	—	
六月	1330752.205	15585.534	—	
七月	1400688.239	13477.759	—	
八月	1893780.532	20030.825	—	
九月	1550196.780	14849.694	—	
十月	1300123.652	13363.602	—	
十一月	2253594.583	19578.596	—	
十二月	2989411.934	133961.702	—	
光绪二十四年	22136132 29212916*	625381	—	• 本年另支出四成洋税银12475.468两、边防经费银2669338.550两、筹备饷需银2745831.764两，不在总额内，计入则为27563778两。 • 以＊号标记之四柱册银数为本年开除库平银与各专项银之合计总额。
正月	307138.804	—	—	
二月	2446218.313	133405.609	—	
三月	1213662.952	13783.413	—	
闰三月	1220979.035	68051.457	—	
四月	1373165.385	68034.716	—	
五月	2069170.126	76293.755	—	
六月	1170028.028	68150.128	—	

续表

时间	银（两）	钱（串）	铜制钱（串）	备注
七月	1669027.927	14516.096	—	
八月	2525247.994	14826.828	—	
九月	1794816.402	20033.131	—	
十月	1228991.278	13768.163	—	
十一月	2004340.137	13555.853	—	
十二月	3113345.803	120961.441	—	
光绪二十五年	19454588 24533482*	250912	306538	• 本年另支出四成洋税银 595180 两、边防经费银 2461470.951 两、筹备饷需银 1310000 两，不在总额内，计入则为 23821239 两。 • 以 * 号标记之四柱册银数为本年开除库平银与各专项银之合计总额。 • 本年四柱册开除钱数为 337510 串，表内两项钱数合计为 557450 串。
正月	315561.820	—	—	
二月	2450043.320	6116.873	3086.807	
三月	1324720.571	267.349	2693.554	
四月	1744336.748	6092.050	2749.901	
五月	1186050.783	1398.275	2688.864	
六月	1209091.398	213.895	2678.542	
七月	1312105.436	45.375	2796.315	
八月	1713597.738	7419.694	2818.046	
九月	1573335.661	226.175	57635.038	
十月	1539973.212	38.890	57697.267	
十一月	1442683.865	39.400	57656.104	
十二月	3643086.996	229054.013	114037.608	
光绪朝平均	200700695	605723		

资料来源：①有 * 号标记之数，据各该年四柱册（光绪朝四柱册数据详见本书附表 63 至附表 67）；光绪二十三年、二十四年、二十五年数，据中国第一历史档案馆藏各该年银库大出黄册；其他据中国社会科学院经济研究所清代抄档：《黄册·户部银库类》第 35 册。

②光绪朝平均数计算，各年银数内均计入专项银，钱数均以各项钱之合计总数计；大出册数与四柱册不同者按四柱册数计。

附表27　光绪朝银库历年银钱出入盈亏统计

年　份	大　进 银（两）	大　进 钱（串）	大　出 银（两）	大　出 钱（串）	盈　亏（+、-） 银（两）	盈　亏（+、-） 钱（串）
光绪九年	15638588*	228309*	13845311*	404120	+1793277	-175811
光绪十七年	19265207*	1390436*	17115933*	1586173*	+2149274	-195737
光绪二十三年	23283344*	341025	24835690*	517131	-1552346	-176106
光绪二十四年	28802656*	439708*	29202916*	625381	-400260	-185673
光绪二十五年	24447335*	371167*	24533482*	337510*	-86147	+33657
光绪朝各年平均	**22287426**	**554129**	**21908666**	**694063**	**+378760**	**-139934**

资料来源：据附表25、附表26。

二　户部银库历年结存银钱统计

附表28　康熙六年至乾隆三十九年银库实存银数

朝　年	库贮银数（库平两）	朝　年	库贮银数（库平两）
康熙六年	2488492	乾隆一年	33959624
康熙十一年	18096850	乾隆二年	34385138
康熙十二年	21358006	乾隆三年	34858748
康熙十六年	5307216	乾隆四年	32582976
康熙十七年	3339920	乾隆五年	30485876
康熙二十五年	26052735	乾隆六年	31463539
康熙二十六年	28964499	乾隆七年	32746752
康熙三十年	31849719	乾隆八年	29121104
康熙三十一年	34255285	乾隆九年	31902518
康熙三十二年	37600663	乾隆十年	33170655
康熙三十三年	41007790	乾隆十一年	34633177
康熙三十四年	42263516	乾隆十二年	32363404
康熙三十五年	42628989	乾隆十三年	27463645
康熙三十六年	40639920	乾隆十四年	28073043

续表

朝　年	库贮银数（库平两）	朝　年	库贮银数（库平两）
康熙三十七年	40542966	乾隆十五年	30796177
康熙四十二年	38368105	乾隆十六年	32493786
康熙四十三年	39985306	乾隆十七年	38630287
康熙四十七年	47184788	乾隆十八年	39870394
康熙四十八年	43767094	乾隆十九年	37605422
康熙四十九年	45881072	乾隆二十年	42997048
康熙五十二年	43094239	乾隆二十一年	43222030
康熙五十三年	40734825	乾隆二十二年	40152254
康熙五十七年	44319033	乾隆二十三年	36380809
康熙五十八年	47368645	乾隆二十四年	36732865
康熙五十九年	39317103	乾隆二十五年	35496902
康熙六十年	32622421	乾隆二十六年	36638572
雍正一年	23711920	乾隆二十七年	41927924
雍正二年	31627608	乾隆二十八年	47063610
雍正三年	40434744	乾隆二十九年	54273814
雍正四年	47409780	乾隆三十年	60336375
雍正五年	55252933	乾隆三十一年	66613127
雍正六年	58235780	乾隆三十二年	66501052
雍正七年	60248747	乾隆三十三年	71823888
雍正八年	62183349	乾隆三十四年	76222877
雍正九年	50375953	乾隆三十五年	77299736
雍正十年	44392848	乾隆三十六年	78940001
雍正十一年	37933743	乾隆三十七年	78740262
雍正十二年	32503428	乾隆三十八年	69677071
雍正十三年	34530485	乾隆三十九年	73905610

资料来源：据中国第一历史档案馆藏军机处上谕档：乾隆四十年正月二十九日军机大臣遵旨查明康雍乾年间户部银库存银数目奏片所附清单。此奏片及清单见中国第一历史档案馆《康雍乾户部银库历年存银数》，载《历史档案》1984年4期，第19～21页。

附：军机大臣遵旨查明康雍乾年间户部银库存银数目奏片
（乾隆四十年正月二十九日）

臣等遵旨将自康熙年间起，至乾隆三十九年止，户部银库每年实存银数，俱按年查明，开单进呈。所有康熙年间档册（年）久霉烂不全，未能按年开载之处，合并声明。谨奏。

附表29　雍正元年银库金银钱四柱

	旧管	新收	开除	实在	备注
金（两）	2554.528	—	• 320.000 • 盘查库内亏空金 498.528	1736.000	
银（两）	27119286.750	• 7380701.563 • 捐纳银 1981626 • 康熙五十九年在京各官捐骡价银 9775.5（此银从前未入正项，今特将此银归入实在数内） • 雍正元年十一月初四日起至二年三月二十八日止尚书孙查齐等归还亏空银 29407	• 10351722.345 • 盘查库内亏空银 2592957.631	23576116.837	原册项目甚多，本表只计四项
潮银（两）	35801.668			35801.668	
钱（串）	138598.498	486986.700	• 471152.176 • 盘查库内亏空钱 9324.820	138108.202	

资料来源：据中国社会科学院经济研究所清代抄档：《黄册·户部银库类》第35册。

附表30　乾隆十三年银库金银钱四柱

	旧管	新收	开除	实在	备注
金（两）	26.326	—	—	26.326	
银（两）	32363404.840	8187984.131	13087743.910	27463645.061	表内潮银数已包括在银数内
潮银（两）	(211174.673)	(7916.859)	(13703.862)	(205387.670)	
钱（串）	5119.815	1017312.085	1013387.471	9044.429	

资料来源：据中国社会科学院经济研究所清代抄档：《黄册·户部银库类》第35册。

附表 31　乾隆十八年银库银钱四柱

	旧管	新收	开除	实在	备注
银（两）	38630287.559	11619370.383	10379263.332	39870394.610	表内潮银数已包括在银数内
潮银（两）	(161497.964)	(83.868)	(7357.875)	(154223.957)	
旧银印	—	43 颗 1613.350 两	43 颗 1613.350 两	—	
钱（串）	5742.669	1077567.077	1075729.822	7579.924	

资料来源：据中国社会科学院经济研究所清代抄档：《黄册·户部银库类》第 35 册。

附表 32　乾隆二十年银库银钱四柱

	旧管	新收	开除	实在	备注
银（两）	37605422.688	15639464.928	10247839.051	42997048.566	表内潮银数已包括在银数内
潮银（两）	(144643.537)	—	(8605.100)	(136038.437)	
旧银印	2 颗 153.000 两	—	—	2 颗 153.000 两	
钱（串）	2315.824	1086862.013	1086942.003	2235.834	

资料来源：据中国社会科学院经济研究所清代抄档：《黄册·户部银库类》第 35 册。

附表 33　乾隆二十二年银库银钱四柱

	旧管	新收	开除	实在	备注
银（两）	43222030.164	9318432.873	12388208.860	40152254.177	表内潮银数已包括在银数内
潮银（两）	(125798.871)		(8038.140)	(117760.731)	
旧银印	9 颗 905.780 两	4 颗 434.000 两	—	13 颗 1339.780 两	
钱（串）	10994.744	1203956.556	1214282.625	668.675	

资料来源：据中国社会科学院经济研究所清代抄档：《黄册·户部银库类》第 35 册。

附表 34　乾隆二十八年银库银钱四柱

	旧管	新收	开除	实在	备注
银（两）	41927924.821	14669588.724	9533903.023	47063610.522	表内潮银数已包括在银数内
潮银（两）	(83228.984)	(231.360)	(6597.053)	(76863.291)	
钱（串）	909.432	1137385.645	1138023.804	2710.273	

资料来源：据中国社会科学院经济研究所清代抄档：《黄册·户部银库类》第 35 册。

附表35　乾隆三十八年银库银钱四柱

	旧管	新收	开除	实在
银（两）	78740262.373	8966307.137	19029498.285	68677071.225
钱（串）	652.431	1277810.952	1277817.006	646.377

资料来源：据中国社会科学院经济研究所清代抄档：《黄册·户部银库类》第35册。

附表36　乾隆四十年银库银钱四柱

	旧管	新收	开除	实在	备注
银（两）	73905610.545	14134912.786	23083249.853	64957273.478	表内潮银数已包括在银数内
潮银（两）	(732.010)	—	(732.010)	—	
钱（串）	1512.404	1254946.655	1254448.341	2010.718	

资料来源：据中国社会科学院经济研究所清代抄档：《黄册·户部银库类》第35册。

附表37　乾隆四十一年银库银钱四柱

	旧管	新收	开除	实在
银（两）	64957273.478	18711298.122	9005900.154	74662671.446
钱（串）	2010.718	1294815.208	1295308.891	1517.035

资料来源：据中国社会科学院经济研究所清代抄档：《黄册·户部银库类》第35册。

附表38　乾隆四十二年银库银钱四柱

	旧管	新收	开除	实在
银（两）	74662671.446	18117731.619	10956359.955	81824043.710
钱（串）	1517.035	1203459.324	1203768.109	1208.250

资料来源：据中国社会科学院经济研究所清代抄档：《黄册·户部银库类》第35册。

附表39　乾隆四十五年银库银钱四柱

	旧管	新收	开除	实在
银（两）	75042230.504	10567107.722	10134444.361	75474893.865
钱（串）	1596.157	1193808.115	1193883.517	1520.755

资料来源：据中国社会科学院经济研究所清代抄档：《黄册·户部银库类》第35册。

附表 40　乾隆六十年银库银钱四柱

	旧管	新收	开除	实在
银（两）	71474457.860	8665152.147	10747620.360	69391989.647
钱（串）	69.792	142656.178	142687.660	38.310

资料来源：据中国社会科学院经济研究所清代抄档：《黄册·户部银库类》第 35 册。

附表 41　嘉庆元年银库银钱四柱

	旧管	新收	开除	实在
银（两）	69391989.647	5734496.110	18541762.227	56584723.530
钱（串）	38.310	591663.159	591624.285	77.184

资料来源：据中国社会科学院经济研究所清代抄档：《黄册·户部银库类》第 35 册。

附表 42　嘉庆三年银库银钱四柱

	旧管	新收	开除	实在
银（两）	27919630.838	16413926.179	25147964.563	19185592.454
钱（串）	16.553	529854.198	529738.660	132.091

资料来源：据中国社会科学院经济研究所清代抄档：《黄册·户部银库类》第 35 册。

附表 43　嘉庆七年银库银钱四柱

	旧管	新收	开除	实在
银（两）	16934764.947	11496754.125	8972546.325	19458972.747
钱（串）	214.614	1534981.471	1534843.414	352.671

资料来源：据中国社会科学院经济研究所清代抄档：《黄册·户部银库类》第 35 册。

附表 44　嘉庆十年银库银钱四柱

	旧管	新收	开除	实在
银（两）	21645470.832	13933952.896	11027518.275	24551905.453
钱（串）	3023.771	1327849.635	1330551.931	321.475

资料来源：据中国社会科学院经济研究所清代抄档：《黄册·户部银库类》第 35 册。

附表45　嘉庆十二年银库银钱四柱

	旧管	新收	开除	实在
银（两）	22928502.326	6938703.666	9871636.029	19995569.963
钱（串）	86201.869	1438236.701	1446607.438	77831.132

资料来源：据中国社会科学院经济研究所清代抄档：《黄册·户部银库类》第35册。

附表46　嘉庆十六年银库银钱四柱

	旧管	新收	开除	实在
银（两）	22908791.917	9448665.643	11572992.121	20784465.439
钱（串）	106877.069	1366084.509	1365986.264	106975.314

资料来源：据中国社会科学院经济研究所清代抄档：《黄册·户部银库类》第35册。

附表47　嘉庆二十年银库银钱四柱

	旧管	新收	开除	实在
银（两）	21659563.284	12435694.634	9686981.471	24408276.447
钱（串）	118943.009	1142974.077	1184843.269	77073.817

资料来源：据中国社会科学院经济研究所清代抄档：《黄册·户部银库类》第35册。

附表48　嘉庆二十一年银库银钱四柱

	旧管	新收	开除	实在
银（两）	24408276.447	9451035.088	10379921.253	23479390.282
钱（串）	77073.817	1496370.043	1429076.819	144367.041

资料来源：据中国社会科学院经济研究所清代抄档：《黄册·户部银库类》第35册。

附表49　嘉庆二十二年银库银钱四柱

	旧管	新收	开除	实在
银（两）	23479390.282	10637957.225	10487742.397	23629605.110
钱（串）	144367.041	1168451.439	1247636.515	65181.965

资料来源：据中国社会科学院经济研究所清代抄档：《黄册·户部银库类》第35册。

附表50　嘉庆二十三年银库银钱四柱

	旧管	新收	开除	实在
银（两）	22629605.110	13990810.002	9951356.951	27669058.161
钱（串）	65181.965	1195426.508	1151299.802	109308.671

资料来源：据中国社会科学院经济研究所清代抄档：《黄册·户部银库类》第35册。

附表51　道光元年银库银钱四柱

	旧管	新收	开除	实在
银（两）	31211102.267	7630388.956	11351701.120	27489790.103
钱（串）	53411.041	1202199.667	1203756.116	51854.592

资料来源：据中国社会科学院经济研究所清代抄档：《黄册·户部银库类》第35册。

附表52　道光二年银库银钱四柱

	旧管	新收	开除	实在
银（两）	27489790.103	7060251.329	11210691.122	23339350.310
钱（串）	51854.592	1189489.111	1199720.433	41623.270

资料来源：据中国社会科学院经济研究所清代抄档：《黄册·户部银库类》第35册。

附表53　道光七年银库银钱四柱

	旧管	新收	开除	实在
银（两）	17580793.680	23802617.219	11373705.050	30009705.849
钱（串）	65050.381	1232144.651	1252178.244	45016.788

资料来源：据中国社会科学院经济研究所清代抄档：《黄册·户部银库类》第35册。

附表54　道光八年银库银钱四柱

	旧管	新收	开除	实在
银（两）	30009705.849	14422806.341	10951956.194	33480555.996
钱（串）	45016.788	1166797.619	1158856.416	52957.991

资料来源：据中国社会科学院经济研究所清代抄档：《黄册·户部银库类》第35册。

附表55　道光十年银库银钱四柱

	旧管	新收	开除	实在
银（两）	33325497.989	11289651.043	12575834.261	32039314.771
钱（串）	124492.615	1172528.710	1244337.807	52683.518

资料来源：据中国社会科学院经济研究所清代抄档：《黄册·户部银库类》第35册。

附表56　道光十三年银库银钱四柱

	旧管	新收	开除	实在
银（两）	25689153.883	7160868.728	10886615.761	21963406.850
钱（串）	47014.195	1152765.935	1151530.895	48249.235

资料来源：据中国社会科学院经济研究所清代抄档：《黄册·户部银库类》第35册。

附表57　道光十四年银库银钱四柱

	旧管	新收	开除	实在	备注
银（两）	21963406.850	15522249.804	10773738.669	26711917.985	旧管钱数与上年实在数不符
钱（串）	48244.601	1183231.984	1160590.339	70886.246	

资料来源：据中国社会科学院经济研究所清代抄档：《黄册·户部银库类》第35册。

附表58　道光二十三年银库银钱四柱

	旧管	新收	开除	实在
银（两）	13006552.601	7919692.645	10992455.454	9933789.792
钱（串）	49634.630	1222831.431	1270073.000	2393.061

资料来源：据中国社会科学院经济研究所清代抄档：《黄册·户部银库类》第35册。

附表59　咸丰四年银库银钱四柱

	旧管	新收	开除	实在	备注
银（两）	1696894.984	4996127.336	5031018.775	1662005.545	实在银数应为1662003.545两
钱（串）	2707.720	3045823.584	3040549.541	7981.763	
京票制钱（串）	13183.652	7846071.882	7834542.621	24712.913	

资料来源：据中国社会科学院经济研究所清代抄档：《黄册·户部银库类》第35册。

附表 60　咸丰六年银库银钱四柱

	旧管	新收	开除	实在
银（两）	1496601.811	2669662.682	2704989.316	1461275.177
钱（串）	52475.627	811063.454	517736.361	345802.720
京票制钱（串）	66381.214	7884488.834	7950869.448	0.600
宝钞（串）	—	4405082.000	4405082.000	—
尾零对条钱（串）	—	154.108	154.108	—

资料来源：据中国社会科学院经济研究所清代抄档：《黄册·户部银库类》第 35 册。

附表 61　咸丰九年银库金银钱四柱

	旧管	新收	开除	实在
金（两）	189.929	—	—	189.929
银（两）	2370433.947	4463477.956	3808417.524	3025494.379
钱（串）	367444.249	968530.138	903324.258	432650.129
京票制钱（串）	31959.628	19131590.149	16046202.670	3117347.107
宝钞（串）	—	2133825.000	2133825.000	—
尾零对条钱（串）	—	408.852	408.852	—

资料来源：据中国社会科学院经济研究所清代抄档：《黄册·户部银库类》第 35 册。

附表 62　咸丰十一年银库金银钱四柱

	旧管	新收	开除	实在
金（两）	189.929	—	—	189.929
银（两）	1175096.676	6678613.514	6331925.933	1521784.257
钱（串）	379419.809	295354.819	169540.327	505234.301
京票制钱（串）	75196.998	408881.064	174287.254	309790.808
宝钞（串）	—	155518.000	155431.000	87.000
尾零对条钱（串）	—	184.903	182.203	2.700

资料来源：据中国社会科学院经济研究所清代抄档：《黄册·户部银库类》第 35 册。

附表 63　光绪九年银库金银钱四柱

	旧管	新收	开除	实在
金（两）	189.929	—	—	189.929
祖宝样银等项银（两）	31401.000	—	—	31401.000
内库应存银（两）	1095900.000 内光绪八年五月盘查亏短银：750.000 实存银：1095150.000			1095900.000 内光绪八年五月盘查亏短银：750.000 实存银：1095150.000
外库实存银（两）	6239945.359	11274429.907	11623012.517	5891362.741
四成税银（两）	441987.236	2474619.860	782298.680	2134308.416
边防经费银（两）	1373537.585	1853537.990	1440000.000	1787075.575
备荒经费银（两）	—	36000.000		36000.000
钱（串）	306848.551	228309.082	404120.289	131037.344

资料来源：据中国社会科学院经济研究所清代抄档：《黄册·户部银库类》第35册。

附表 64　光绪十七年银库金银钱四柱

	旧管	新收	开除	实在
金（两）	189.929	—	—	189.929
祖宝样银等项银（两）	31401.000	—	—	31401.000
内库实存银（两）	1095900.000			1095900.000
外库实存银（两）	899713.563	14245371.621（库平）	13052960.471（库平）	2092124.713
新海防捐项银（两）	51628.000	283435.000	250000.000	85063.000
十六年八、九、十月份新海防捐项银（两）	87745.000	—	—	十六年八、九、十月份新海防捐项银并顺天府赈捐余剩银：300000.000
顺天府赈捐余剩银（两）	—	212255.000		
备买铜铅银（两）	1456096.518	742777.800	390875.901	1807998.417
四成税银（两）	150350.081	241367.405	280000.000	111717.486
边防经费银（两）	5585575.172	3540000.000	3142096.360	5983478.812
钱（串）	957412.265	1390436.144	1586172.614	761675.795

资料来源：据中国社会科学院经济研究所清代抄档：《黄册·户部银库类》第35册。

附表65　光绪二十三年银库金银钱四柱

	旧管	新收	开除	实在
金（两）	189.929	—	—	189.929
祖宝样银等项银（两）	31401.000	—	—	31401.000
内库实存银（两）	1095900.000	—	—	1095900.000
外库实存银（两）	366499.322	15540823.594（库平）	15142508.129（库平）	764814.787
四成洋税银（两）	430106.036	102317.236	280000.000	252423.272
边防经费银（两）	899084.208	1865000.000	1792472.893	971611.315
筹备饷需银（两）	1870000.000	1652260.000	2500000.000	1022260.000
新海防捐项银（两）	354654.496	944593.652	636091.201	663156.947
备买铜铅银（两）	506883.132	274109.384	362000.000	418992.516
放二两平扣回六分平银（两）	434268.143	977064.384	942000.000	462332.527
火器新捐银（两）	40000.000	—	40000.000	
海军经费银（两）	41182.564	305511.000	316149.322	30544.242
各省土药税厘银	50393.289	564215.915	614000.000	609.204
海防经费银（两）	86725.035	230000.000	292000.000	24725.035
备荒经费银（两）	180250.000	108372.367	152372.367	136250.000
购买海军船械银（两）	556532.799	—	556532.799	—
铁路经费银（两）	75000.000	310000.000	375000.000	10000.000
菩陀峪万年吉地工程银（两）	862437.286	—	406000.000	456437.286
筹备军饷银（两）	71928.908	209076.157	278562.908	2442.157
新建陆军月饷银（两）	—	200000.000	150000.000	50000.000
钱（串）	687602.644	341024.940	517130.821	511496.763

资料来源：据中国第一历史档案馆藏《光绪二十三年分旧管新收开除实在金银钱数目黄册》。

附表66　光绪二十四年银库金银钱四柱

	旧管	新收	开除	实在
金（两）	189.929	—	—	189.929
祖宝样银等项银（两）	31401.000	—	—	31401.000
内库实存银（两）	1095900.000	—	—	1095900.000
外库实存银（两）	764814.787	18359330.537（库平）	18010663.282（库平）	1113482.042
四成洋税银（两）	252423.272	72561.579	12475.468	312509.383
边防经费银（两）	971611.315	1724000.000	2589338.550	106272.765
筹备饷需银（两）	1022260.000	1671333.333	2675831.764	17761.569
新海防捐项银（两）	663156.947	797272.044	1452144.000	8284.991
备买铜铅银（两）	418992.516	139528.091	509433.960	49086.647
放二两平扣回六分平银（两）	462332.527	1224253.914	1631320.000	55266.441
海军经费银（两）	30544.242	280859.859	311404.101	—
土药税厘银（两）	609.204	536465.748	537000.000	74.952
海防经费银（两）	24725.035	280000.000	252325.035	52400.000
备荒经费银（两）	136250.000	154872.366	70000.000	221122.366
铁路经费银（两）	10000.000	268600.000	255200.000	23400.000
菩陀峪万年吉地工程银（两）	456437.286	—	164518.126	291919.160
筹备军饷银（两）	2442.157	125500.202	120000.000	7942.359
天津陆军月饷银（两）	50000.000	150000.000	197383.680	2616.320
昭信股票银（两）	—	2530200.000	—	2530200.000
津海关八分经费银（两）	—	40000.000	6000.000	34000.000
船厂经费银（两）	—	140000.000	100000.000	40000.000
正项银元（两）	—	150000.000	150000.000	—
边防经费银元（两）	—	80000.000	80000.000	—
筹备饷需银元（两）	—	70000.000	70000.000	—
放二两平扣回六分平银元（两）	—	7878.380	7878.380	—
钱（串）	511496.763	439708.442	625380.590	325824.615

资料来源：据中国第一历史档案馆藏《光绪二十四年分旧管新收开除实在金银钱数目黄册》。

附表67　光绪二十五年银库金银钱四柱

	旧管	新收	开除	实在
金（两）	189.929	—	—	189.929
祖宝样银等项银（两）	31401.000	—	—	31401.000
内库实存银（两）	1095900.000	—	—	1095900.000
外库实存银（两）	1113482.042	14543209.120（库平银）	15258045.763（库平银）	398645.399
四成洋税银（两）	312509.383	365001.381	595180.000	82330.764
边防经费银（两）	106272.765	2488031.771	2461740.951	132833.585
筹备饷需银（两）	17761.569	1746614.668	1310000.000	454376.237
新海防捐项银（两）	8284.991	478197.416	480362.867	6119.540
备买铜铅银（两）	49086.647	531423.737	372664.960	207845.424
放二两平扣回六分平银（两）	55266.441	978318.611	711973.800	321611.252
土药税厘银（两）	74.952	590792.052	585500.000	5367.004
备荒经费银（两）	221122.366	57872.366	40000.000	238994.732
菩陀峪万年吉地工程银（两）	291919.160	500000.000	280000.000	511919.160
筹备军饷银（两）	7942.359	—	6486.720	1455.639
天津陆军月饷银（两）	2616.320	530000.000	532552.002	64.318
铁路经费银（两）	23400.000	159000.000	60000.000	122400.000
昭信股票银（两）	2530200.000	5000.000	500000.000	2035200.000
津海关八分经费银（两）	34000.000	60000.000	50000.000	44000.000
海防经费银（两）	52400.000	300000.000	272864.000	79536.000
船厂经费银（两）	40000.000	805000.000	820000.000	25000.000
海军经费银（两）	—	200000.000	196111.236	3888.764
常捐银元（两）	—	30255.000	—	30255.000
新海防捐项银元（两）	—	21669.000	—	21699.000
正项银元（两）	—	33950.000	—	33950.000
铁路经费银元（两）	—	23000.000	—	23000.000
钱（串）	325824.615	371167.170	337510.135	359481.650

资料来源：据中国第一历史档案馆藏《光绪二十五年分旧管新收开除实在金银钱数目黄册》。

附表68　康熙朝银库历年结存银钱统计

年　份	年末银库结存 银（两）	年末银库结存 钱（串）	备　注
康熙六年	2488492	—	
康熙十一年	18096850	—	
康熙十二年	21358006	—	
康熙十六年	5307216	—	
康熙十七年	3339920	—	
康熙二十五年	26052735	—	
康熙二十六年	28964499	—	
康熙三十年	31849719	—	
康熙三十一年	34255285	—	
康熙三十二年	37600663	—	
康熙三十三年	41007790	—	
康熙三十四年	42263516	—	
康熙三十五年	42628989	—	
康熙三十六年	40639920	—	
康熙三十七年	40542966	—	
康熙四十二年	38368105	—	
康熙四十三年	39985306	—	
康熙四十七年	47184788	—	
康熙四十八年	43767094	—	
康熙四十九年	45881072	—	
康熙五十二年	43094239	—	
康熙五十三年	40734825	—	
康熙五十七年	44319033	—	
康熙五十八年	47368645	—	
康熙五十九年	39317103	—	
康熙六十年	32622421	—	
康熙六十一年	27155088	138598	雍正元年四柱册"旧管"数。银数内包括潮银35802两

资料来源：据附表28、附表29。

附表69 雍正朝银库历年结存银钱统计

年 份	年末银库结存 银（两）	年末银库结存 钱（串）	备 注
雍正元年	23611919	138108	• 雍正元年四柱册"实在"数。潮银数计入总银数内 • 乾隆清单本年银数为23711920两
雍正二年	31627608	—	
雍正三年	40434744	—	
雍正四年	47409780	—	
雍正五年	55252933	—	
雍正六年	58235780	—	
雍正七年	60248747	—	
雍正八年	62183349	—	
雍正九年	50375953	—	
雍正十年	44392848	—	
雍正十一年	37933743	—	
雍正十二年	32503428	—	
雍正十三年	34530485	—	

资料来源：据附表28、附表29。

附表70 乾隆朝银库历年结存银钱统计

年 份	年末银库结存 银（两）	年末银库结存 钱（串）	备 注
乾隆元年	33959624	—	
乾隆二年	34385138	—	
乾隆三年	34858748	—	
乾隆四年	32582976	—	
乾隆五年	30485876	—	
乾隆六年	31463539	—	
乾隆七年	32746752	—	
乾隆八年	29121104	—	
乾隆九年	31902518	—	
乾隆十年	33170655	—	
乾隆十一年	34633177	—	

续表

年 份	年末银库结存		备 注
	银（两）	钱（串）	
乾隆十二年	32363405	5120	• 乾隆十三年四柱册"旧管"数 • 乾隆清单本年银数为32363404两
乾隆十三年	27463645	9044	乾隆十三年四柱册"实在"数
乾隆十四年	28073043	—	
乾隆十五年	30796177	—	
乾隆十六年	32493786	—	
乾隆十七年	38630288	5743	• 乾隆十八年四柱册"旧管"数 • 乾隆清单本年银数为38630287两
乾隆十八年	39870395	7580	• 乾隆十八年四柱册"实在"数 • 乾隆清单本年银数为39870394两
乾隆十九年	37605423	2316	• 乾隆二十年四柱册"旧管"数 • 乾隆清单本年银数为37605422两
乾隆二十年	42997049	2236	• 乾隆二十年四柱册"实在"数 • 乾隆清单本年银数为42997048两
乾隆二十一年	43222030	10995	乾隆二十二年四柱册"旧管"数
乾隆二十二年	40152254	669	乾隆二十二年四柱册"实在"数
乾隆二十三年	36380809	—	
乾隆二十四年	36732865	—	
乾隆二十五年	35496902	—	
乾隆二十六年	36638572	—	
乾隆二十七年	41927925	909	• 乾隆二十八年四柱册"旧管"数 • 乾隆清单本年银数为41927924两
乾隆二十八年	47063611	271	• 乾隆二十八年四柱册"实在"数 • 乾隆清单本年银数为47063610两
乾隆二十九年	54273814	—	
乾隆三十年	60336375	—	
乾隆三十一年	66613127	—	
乾隆三十二年	66501052	—	
乾隆三十三年	71823888	—	
乾隆三十四年	76222877	—	
乾隆三十五年	77299736	—	
乾隆三十六年	78940001	—	
乾隆三十七年	78740262	652	乾隆三十八年四柱册"旧管"数

续表

年 份	年末银库结存 银（两）	年末银库结存 钱（串）	备 注
乾隆三十八年	68677071	646	• 乾隆三十八年四柱册"实在"数 • 乾隆清单本年银数为69677071两
乾隆三十九年	73905611	1512	• 乾隆四十年四柱册"旧管"数 • 乾隆清单本年银数为73905610两
乾隆四十年	64957273	2011	乾隆四十年四柱册"实在"数
乾隆四十一年	74662671	1517	乾隆四十一年四柱册"实在"数
乾隆四十二年	81824044	1208	乾隆四十二年四柱册"实在"数
乾隆四十四年	75042231	1596	乾隆四十五年四柱册"旧管"数
乾隆四十五年	75474894	1521	乾隆四十五年四柱册"实在"数
乾隆五十九年	71474458	70	乾隆六十年四柱册"旧管"数
乾隆六十年	69391990	38	乾隆六十年四柱册"实在"数

资料来源：据附表28、附表30至附表40。各年银数均包括潮银在内，库存旧银印不在内。

附表71　嘉庆朝银库历年结存银钱统计

年 份	年末银库结存 银（两）	年末银库结存 钱（串）	备 注
嘉庆元年	56584724	77	嘉庆元年四柱册"实在"数
嘉庆二年	27919631	17	嘉庆三年四柱册"旧管"数
嘉庆三年	19185592	132	嘉庆三年四柱册"实在"数
嘉庆六年	16934765	215	嘉庆七年四柱册"旧管"数
嘉庆七年	19458973	353	嘉庆七年四柱册"实在"数
嘉庆九年	21645471	3024	嘉庆十年四柱册"旧管"数
嘉庆十年	24551905	321	嘉庆十年四柱册"实在"数
嘉庆十一年	22928502	86202	嘉庆十二年四柱册"旧管"数
嘉庆十二年	19995570	77831	嘉庆十二年四柱册"实在"数
嘉庆十五年	22908792	106877	嘉庆十六年四柱册"旧管"数
嘉庆十六年	20784465	106975	嘉庆十六年四柱册"实在"数
嘉庆十九年	21659563	118943	嘉庆二十年四柱册"旧管"数
嘉庆二十年	24408276	77074	嘉庆二十年四柱册"实在"数
嘉庆二十一年	23479390	144367	嘉庆二十一年四柱册"实在"数
嘉庆二十二年	23629605	65182	嘉庆二十二年四柱册"实在"数
嘉庆二十三年	27669058	109309	嘉庆二十三年四柱册"实在"数
嘉庆二十五年	31211102	53411	道光元年四柱册"旧管"数

资料来源：据附表41至附表50。

附表 72　道光朝银库历年结存银钱统计

年　份	年末银库结存		备　注
	银（两）	钱（串）	
道光元年	27489790	51855	道光元年四柱册"实在"数
道光二年	23339350	41623	道光二年四柱册"实在"数
道光六年	17580794	65050	道光七年四柱册"旧管"数
道光七年	30009706	45017	道光七年四柱册"实在"数
道光八年	33480556	52959	道光八年四柱册"实在"数
道光九年	33325498	124493	道光十年四柱册"旧管"数
道光十年	32039315	52684	道光十年四柱册"实在"数
道光十二年	25689154	47014	道光十三年四柱册"旧管"数
道光十三年	21963407	48249	● 道光十三年四柱册"实在"数 ● 道光十四年四柱册上年旧管钱数为48245串
道光十四年	26711918	70886	道光十四年四柱册"实在"数
道光二十二年	13006553	49635	道光二十三年四柱册"旧管"数
道光二十三年	9933790	2393	道光二十三年四柱册"实在"数

资料来源：据附表51至附表58。

附表 73　咸丰朝银库历年结存银钱统计

年　份	年末银库结存		备　注
	银（两）	钱（串）	
咸丰三年	1696895	15891	咸丰四年四柱册"旧管"数
咸丰四年	1662006	32695	咸丰四年四柱册"实在"数
咸丰五年	1496602	118857	咸丰六年四柱册"旧管"数
咸丰六年	1461275	345803	咸丰六年四柱册"实在"数
咸丰八年	2370434	399404	咸丰九年四柱册"旧管"数
咸丰九年	3025494	3549997	咸丰九年四柱册"实在"数
咸丰十年	1175097	454617	咸丰十一年四柱册"旧管"数
咸丰十一年	1521784	815115	咸丰十一年四柱册"实在"数

资料来源：据附表59至附表62。各年钱数为京票制钱、宝钞、尾零对条钱等钱种之合计数。

附表 74　光绪朝银库历年结存银钱统计

年　份	年末银库结存 银（两）	年末银库结存 钱（串）	备　注
光绪八年	8055470	306849	光绪九年四柱册"旧管"数
光绪九年	9848747	131037	光绪九年四柱册"实在"数
光绪十六年	8231108	957412	光绪十七年四柱册"旧管"数
光绪十七年	10380382	761676	光绪十七年四柱册"实在"数
光绪二十二年	6825945	687603	光绪二十三年四柱册"旧管"数
光绪二十三年	5266599	511497	光绪二十三年四柱册"实在"数
光绪二十四年	4866339	325825	光绪二十四年四柱册"实在"数
光绪二十五年	4780492	359482	光绪二十五年四柱册"实在"数

资料来源：据附表 63 至附表 67。各年银数为当年外库实存银及各专项银之合计数，祖宝样银等项银及内库存银不在内。

图书在版编目（CIP）数据

清代户部银库收支和库存研究/史志宏著.—北京：社会科学文献出版社，2014.5
（中国量化经济史丛书）
ISBN 978-7-5097-5673-7

Ⅰ.①清… Ⅱ.①史… Ⅲ.①财政史-研究-中国-清代 Ⅳ.①F812.949

中国版本图书馆 CIP 数据核字（2014）第 033620 号

·中国量化经济史丛书·
清代户部银库收支和库存研究

著　　者 / 史志宏

出 版 人 / 谢寿光
出 版 者 / 社会科学文献出版社
地　　址 / 北京市西城区北三环中路甲 29 号院 3 号楼华龙大厦
邮政编码 / 100029

责任部门 / 经济与管理出版中心（010）59367226　　责任编辑 / 陈凤玲
电子信箱 / caijingbu@ssap.cn　　　　　　　　　　责任校对 / 李秀军
项目统筹 / 周　丽　陈凤玲　　　　　　　　　　　 责任印制 / 岳　阳
经　　销 / 社会科学文献出版社市场营销中心（010）59367081　59367089
读者服务 / 读者服务中心（010）59367028

印　　装 / 三河市尚艺印装有限公司
开　　本 / 787mm×1092mm　1/16　　　　　　　　 印　　张 / 14
版　　次 / 2014 年 5 月第 1 版　　　　　　　　　 字　　数 / 227 千字
印　　次 / 2014 年 5 月第 1 次印刷
书　　号 / ISBN 978-7-5097-5673-7
定　　价 / 49.00 元

本书如有破损、缺页、装订错误，请与本社读者服务中心联系更换
△ 版权所有　翻印必究